AI와 뮤지엄 하이브리드

인공지능총서

인공지능 시대입니다. 기계가 인간의 인지를 대신하고, 사물이 인간을 통하지 않고 다른 사물과 직접 커뮤니케이션합니다. 이에 따른 인간 삶과 문명 변화를 정확히 이해·예측·대응하는 것은 이 시대 우리 모두의 과제입니다. 인공지능총서는 인공지능 기술과 환경의 여러 주제를 10가지 키워드로 정리합니다. 관련 개념과 이론, 학계와 산업계의 쟁점, 우리 일상의 변화를 다룹니다. 인간과 기술의 현재, 미래를 세심히 분석합니다.

일러두기

- 인명, 작품명, 저서명, 개념어 등은 한글과 함께 괄호 안에 해당 국가의 원어를 병기했습니다.
- 외래어 표기는 현행 어문규정의 외래어표기법을 따랐습니다.

처음이세요?

전문가세요?

AI와 뮤지엄 하이브리드

최경희

대한민국, 서울, 커뮤니케이션북스, 2025

AI와 뮤지엄 하이브리드

지은이 최경희
펴낸이 박영률

초판 1쇄 펴낸날 2025년 5월 30일

커뮤니케이션북스(주)
출판 등록 2007년 8월 17일 제313-2007-000166호
02880 서울시 성북구 성북로 5-11
전화(02) 7474 001, 팩스(02) 736 5047
commbooks@commbooks.com
www.commbooks.com

ISBN 979-11-430-0325-6 03500

책값은 뒤표지에 표시되어 있습니다.

차례

뮤지엄의 하이브리드화

하이브리드 문화

하이브리드(hybrid) 개념은 복합적인 네트워크 구조로, 사회적 현상의 다층적이고 역동적인 특성을 설명하는 데 중요한 개념이다. 하이브리드는 무엇보다도 차이를 인식하고, 내재된 가치와 에너지를 발견하며, 이를 창조적 가능성으로 이어주는 운동 과정에 주목한다. 이른바 하이브리드는 다양한 방식으로 모색되는 새로운 결합의 과정에서 본래의 의미를 찾는다(하이브리드컬처연구소, 2008). 하이브리드는 단순한 요소의 합성에 그치지 않고, 서로 다른 문화적 요소들이 상호작용하며, 새로운 정체성과 의미를 창출하는 과정이다. 각 요소는 고유한 특징을 보존하면서도 새롭게 결합된 전체로 이전에 없던 독자적 문맥과 가치를 형성한다. 광활해진 연결과 융합의 하이브리드 문화는 사회의 모든 요소들이 혼합되어 융합적 혼돈과 복잡성을 가중시키며, 이는 때로 혼란을 초래하기도 한다. 이러한 융합 사회 속에서 나타나는 복잡성과 혼돈에서 질서를 찾아내고 새로운 가능성을 모색하기 위해서는 더욱 적극적이고 체계적인 관찰과 연구가 요구된다. 연결과 융합의 맥락에서 중요한 관점은 변화하는 현상의 근원을 탐구하며, 새롭게 등장하는 개체들까지 포함해 시대적 변화에 맞춘 상호 연결망의 역학을 이해하는 것이다(문화체육관광부, 2018). 이러한 활동은 단순히 결과를 내는 데 목표가 있는 것이 아니라, 창의적 형태의 융합을 가능하게 하는 과정 그 자체에서 의미를 찾을 수 있다.

과학기술학(STS)의 대표적 학자인 브뤼노 라투르(Bruno Latour)는 분리되어 보이는 현상들이 사실은 서로 다른 이질적 요소들의 존재론적 전위, 즉 하이브리드화라고 했다. 이러한 요소들로 이루어지는 과정은 관계적이고 역동적인 차이들이 나타나며, 다원적이고 다차원적인 평면 위에서 상호 연관된다(라투르, 2010). 라투르는 현대 사회를 통합적으로 설명하기 위해 하이브리드 개념을 사용하며, 인간과 비인간, 자연과 기술, 과학과 사회의 경계가 모호해지는 시대적 변화를 관찰했다. 그는 과학적 지식이 독립적이거나 객관적 진리를 반영하는 것이 아니라, 상호작용을 통해 만들어진 사회적, 정치적, 기술적 산물이라고 보며, 자연과 문화의 경계를 없애고 이를 역동적인 사회적 구성물로 이해한다(민수홍,

2019). 하이브리드 문화는 사회적 구조와 흐름을 변화시키는 역할을 하며, 생성과 차이를 만들어 낸다. 현대 사회의 복합적인 문제들을 드러내고 관계망을 확장해가는 하이브리드 문화는 수많은 이질적 개체들의 상호작용 속에서 새로운 통찰과 해결 방안을 제공해 줄 수 있다.

에드몽 쿠쇼(Edmond Couchot)는 하이브리드적 예술과 세계관의 특성을 설명하며, 단순히 단편적으로 합성하는 콜라지의 개념을 넘어 연결과 구조화의 중요성을 강조하고, 이를 통해 현실 인식의 가능성을 제시한다. 그는 완전히 상이하고 이질적이어서 연결할 수 없다고 여겨지던 영역들이 하이브리드적 접근을 통해 서로 연결되는 역설적 기능을 가지고 있다고 본다. 이런 이원적 규정은 하이브리드에 의해 연결되고 혼합될 수 있는 것이다(하이브리드컬처연구소, 2008). 이러한 융합적 문화 예술은 단순히 예술의 경계를 확장하는 데 그치지 않고, 과학과 예술, 인간과 비인간, 자연과 인공의 경계를 허물며 하이브리드 문화의 핵심 개념을 체현한다. 특히 오늘날 예측 불가능한 속도로 발전하는 기술과 융합되는 사회적 현상 속에서, 어느 것도 고정된 원래의 위치에 단일 존재로 머물러 있을 수 없다. 역사적으로 문화와 예술은 융합, 섞임, 공존 등의 과정을 통해 생성과 변화를 거듭하며 새로운 시대의 원동력이 되어 하이브리드화를 확대해 나가고 있다.

상상의 뮤지엄

앙드레 말로는 뮤지엄을 '초시간의 세계로 진입하는 장소'로 정의하며, 물리적 공간의 제약으로 인해 실제 뮤지엄에 전시될 수 있는 예술 작품이 한정되어 있다는 점을 지적했다. 그는 이러한 한계를 극복하는 대안으로 '상상의 뮤지엄(musée imaginaire)'을 제시하며, 현실 공간에 존재하지 않거나 옮겨올 수 없는 수많은 작품들까지도 수용 가능한 가상의 뮤지엄으로 확장된다고 본다(앙드레 말로, 1996). 오늘날 발달되는 기술은 뮤지엄과 융합되어 뮤지엄의 공간을 가상세계로 확장시켜 주었고, 유물을 비롯한 오브제의 진본성을 모호하게 만들어 버린 것이 사실이다. 즉 유물의 진리는 완벽한 복제가 가능해지면서 그 가치를 잃은 듯하지만, 이제는 그것에 그치지 않고 더 실제적으로 재현된 유물 복제를 통한 새롭고 몰입된 경험이 가능해지면서 다시 한 번 원본 앞에서 느꼈던 숭고의 체험을 재경험하게 된다(심지영, 2020). 이처럼 현실과 가상의 경계를 넘나들며, 과거와 현재를 연결하는 뮤지엄의 전환은 단순한 디지털화의 차원을 넘어서 상상한 것을 구현하게 되었다. 이제는 상상의 뮤지엄을 현실의 신체성으로 경험이 가능하게 된 것이다.

고도화되는 기술 개체와 뮤지엄을 구성하는 개체들과의 연결과 융합은 개별적 역할을 넘어, 뮤지엄을 하나의 유기적 개체로 변화시킨다. 이 개체들은 상호작용의 과정에서 새로운 개체성, 즉 고정되지 않고 끊임없이 변모하는 의미망이 형성된다. 먼저 현실과 가상을 이어가는 상상의 뮤지엄을 구현하기 위해 디지털 기술을 기반으로 여러 기관의 뮤지엄 소장품을 가상공간에 재조합해 전 세계 관람자에게 하이퍼링크로 접근 가능하게 함으로써 초국가적이면서도 동시에 새로운 형태의 로컬한 뮤지엄 연결망을 형성하고 되었다. 이제 뮤지엄은 물리적 한계를 넘어 기술과 인간의 상상력이 결합된 가상의 공간 안에서 누구나 자유롭게 접근하고 경험하며, 다양한 개체들의 융합과 생성이 공존하는 문화 예술로 재구성하게 되었다.

동시대 뮤지엄

동시대성은 현재의 시간 속에서 발생하는 모든 즉각적이고 동시적인 현상으로 문화적 다양성, 개인적 내면성, 전 지구적 상호작용과 함께 공존의 다양한 방식을 포함하는 복합적인 개념이다. 동시대 뮤지엄은 이러한 동시대성을 반영하기 위한 기능적, 형식적, 구조적 관계를 확장해 나가고 있다. 예술은 특정 시대의 흐름 속에서 고유하게 나타나는 현상을 다루는 것뿐만 아니라, 서로 다른 시간적 층위와 다원적 관점이 동시에 존재하면서 상호 연결되는 방식을 중요하게 다룬다. 뮤지엄에서의 전시는 오브제를 탈물신화하는 것으로, 동시대적인 것은 시대 구분이나 담론의 문제가 아니라 모든 역사 시기에 적용할 수 있는 방법 혹은 실천이 된다(비숍, 2016). 즉, 동시대 뮤지엄은 과거와 미래, 개인과 사회, 지역과 세계가 교차하며 지속적으로 갱신되는 해석의 네트워크로 변화하고 있다. 뮤지엄 전시는 더 이상 단선적인 시간에 기반하지 않으며, 물질적이거나 비물질적 객체를 표면적으로 제시하는 동시에 그 배후에 얽힌 다양한 사회적, 문화적, 역사적 의미를 함께 내포하고 있다.

뮤지엄은 동시대 '공중을 위한 공간'으로, 사회에 긴밀하게 연루될 수밖에 없다. 그러나 사회는 자본, 인종, 성, 계급 등이 얽히고설킨 복잡한 구조로 이루지기 때문에 뮤지엄에서 공중이라는 개념을 간단하게 도출하기는 어렵다. 이런 사회적 현상은 역설적으로 뮤지엄의 정체성, 중립성 등을 더욱 요구하게 된다. 하지만 현실에서 '차이 수용'의 강조가 단순히 모든 것을 희석하는 수준에 머물거나 다양성의 산만한 나열에 그치는 모호한 중립성에 머문다면 뮤지엄의 존재 의미는 잠재적인 위험에 노출된다. 즉, 뮤지엄은 사회에 긴밀하게 연루되면서도 최대한 '중립성'을 유지해야 하는 지속적인 고민이 필요하다(이필, 2019). 무엇보다 기술 발전으로 혁신적인 동시대 뮤지엄의 패러다임 전환은 차이 수용의 가치와 중립성을 충분히 인식하고 반영하며, 특히 기술과의 융합을 통해 뮤지엄을 구성하는 모든 개체들의 구조적 전환으로 혁신의 뮤지엄이 구체화되고 있다. 이것은 새로운 뮤지엄으로 변화하기 위한 목표 사이에(in between) 놓여 있으며, 이 사이에서 구성 개체들 간의 차이를 연결하고, 서로 영향을 주고받는 관계를 만들어 간다.

뮤지엄 구성 개체의 구조적 전환

테크노사이언스는 과학적 연구와 기술적 실천이 분리되지 않고 연속적으로 결합하며, 현대 사회 혁신과 변화의 핵심 동력으로 작용해 왔다. 이러한 테크노사이언스는 문화 예술 영역에서도 기술과 과학, 인간과 비인간의 관계적 연결을 통해 새로운 창작 방식과 표현 양식을 지속적으로 생성하고 있다. 특히 동시대 뮤지엄은 이러한 테크노사이언스를 수용하며, 공간, 작품, 작가, 관람자, 기관 등 뮤지엄을 구성하는 주요 개체들의 역할과 관계를 근본적으로 변화시키며 구조적 전환을 가속화하고 있다.

뮤지엄은 변화하는 사회 현상의 근원을 파악하고, 새로운 개체들을 수용하며, 상호 연결된 행위 요소들의 이해관계와 협력을 개척해 나가고 있다. 최근 뮤지엄이 관람자 및 발전하는 기술과 관계 형성을 확대해 가는 것은 뮤지엄의 구조적 전환을 촉진하게 되어, 뮤지엄 운영과 발전에서 가장 중요한 요소로 부각되고 있다. 또한 확장된 가상공간에 문화 예술을 재현하거나 디지털 작품 생성으로 그 의미와 가치를 새로운 관점으로 사고할 수 있는 기회를 제공하기 위해 협력적 기술-미학을 채택해 가고 있다.

전시는 시공간적 교차점으로 작동해 뮤지엄의 기능과 형태를 확장하게 해주었다. 뮤지엄의 전시는 관람과 이동이라는 기본 요소로 구조화된다. 시각적 경험의 주체인 관람자는 전시물에 대한 지각과 공간에 대한 지각을 동시에 경험한다. 전시물의 지각은 전시물과의 상호작용을 통한 의미 생성과 해석의 과정이며, 공간 지각은 효율적이고 몰입감 있는 관람 환경을 조성하기 위한 것이다. 관람자는 전시와 대화를 나누는 과정에서 레이블을 읽고 동반 관람자와의 대화를 통해 자신의 사전 경험과 지식을 활용하거나, 기존 지식 구조에 새로운 아이디어와 정보를 결합한다(이보아, 2018). 관람자는 개인적 관심과 지식을 충족시키는 감각과 인지가 결합된 개인화된 경험으로 이어지며, 자신의 지식과 경험 구조 속에서 맥락화된다. 특히 최근에는 뮤지엄의 변화를 주도하는 기술과의 융합으로 관람자는 표현 방식의 변화, 참여 형태, 이해와 관찰 등 전시와 관람에 스스로 연출 방식을 요구하게 되었다.

뮤지엄은 이제 물리적 공간을 넘어 가상공간으로 확장되었고, 관람자의 참여 방식은 다양한 기기를 활용해 현실과 가상의 경계 없이 시공간을 초월하게 되었다. 이러한 공간의 변화는 디지털 기술과 네트워크 환경을 기반으로 관람자와 콘텐츠, 그리고 뮤지엄 자체가 상호 연결되고 실시간으로 반응하는 동적 공간이 되었다. 이를 기반으로 뮤지엄의 공간은 기술적 상호작용, 감각적 경험, 사회적 관계가 동시에 발생하는 복합적 네트워크 공간으로 전환되고 있다.

작품은 AI, 알고리즘, 인터랙티브 기술을 통해 생성과 재구성이 반복되는 동적 존재로 전환되고, 작가는 기술과 협력하는 창작 파트너로 변화하고 있다. 또한 관람자는 전시와 작품을 단순히 감상하는 수동적 존재가 아니라, 데이터 제공자이자 창작에 참여하는 주체로 확대되고 있다. 이러한 복잡해져 가는 과정을 통해 뮤지엄의 전시를 구성하는 모든 개체는 관계맺음과 해석적 기능을 수행하게 된다. 이제 전시 연출 환경에서는 기술적 기획자, 데이터 해석자, 그리고 관람자 경험 설계자로 그 역할이 확장되어, 기술적 매개와 문화 예술의 해석을 동시에 수행하는 복합적 역량이 요구되고 있다. 이러한 변화는 뮤지엄을 구성하는 개체 간의 관계를 재조정하게 된다.

뮤지엄의 디지털 생태계

디지털 생태계란 이질적인 디지털 독립체들과 그들의 상호관계를 맺어가며 자가-조직(self-organizing)하는, 확장 가능하고 지속 가능한 시스템이다. 디지털 콘텐츠는 이러한 디지털 매체 기반의 문화적 실천 행위들이며, 문화 콘텐츠 연구에서 가장 중요한 핵심적인 축이 된다(김소영, 2021). 무엇보다 디지털 기술의 가장 두드러진 특성은 정보통신 기술로 다수의 기기 간 호환성, 콘텐츠의 공유와 확산, 개인 간 네트워크 확장으로 영역 간 경계조차 와해시키는 융합적 양상을 조성한다. 이러한 융합 현상은 이미 기술적 차원을 넘어 사회 문화적으로 일상화되어 여러 나라의 문화를 실시간으로 향유할 수 있게 한다(김문조, 2013). 뮤지엄의 디지털 전환은 뮤지엄을 구성하는 모든 요소들의 생태계를 근본적으로 변화시키고, 계승방식과 역사적 유물의 가치적 전환을 가져오게 했다. 전통적으로 물리적 공간에서 이루어지던 전시와 관람은 이제 디지털 플랫폼을 통해 전 세계 어디서든 접근 가능한 형태로 진화하고 있다. 이는 뮤지엄의 물리적 경계를 넘어서, 가상세계에서 상호작용하며 문화예술의 새로운 생태계를 구축하고 있음을 의미한다. 확장된 공간에서의 뮤지엄 생태계는 역사성과 사회적 가치를 기반으로 기술과 함께 관계와 융합 원리를 통해 문화 예술의 지속 가능한 발전을 모색하는 새로운 논리가 부각되고 있다.

전 세계 뮤지엄의 온라인 플랫폼을 통한 디지털 콘텐츠 개방은 미래 지향적 뮤지엄, 문화 예술과 유산에 대한 개념을 바꾸어 가며 가상과 현실 세계를 넘나들며 감각과 사유 체계를 확대해 가는 경험을 제공하게 된다. 뮤지엄의 디지털 생태계는 가상과 비물질적 행위자들과의 복합적 관계를 구축하게 되었고, 사용자의 경험 확대를 제공하게 되었다. 그러나 이러한 디지털화된 대형 플랫폼의 증가는 다양성에 대한 위험으로 공공 정책 의사 결정에 심각한 영향을 미칠 수 있다는 우려도 제기되고 있다(문화체육관광부, 2018). 앞으로 뮤지엄은 기술 기반 플랫폼을 넘어 사회적, 문화적 다양성과 포용성을 강화해야 한다. 디지털, AI 시대에 부응하는 문화 예술 자원의 개방과 공유, 사용자 참여 확대는 뮤지엄이 공공성과 공동체적 가치를 실현하는 핵심 전략으로 작용하게 될 것이다. 이를 위해 개별 뮤지엄 간의 협력 네트워크 확대와 함께 지역성과 세계성을 연결하는 다층적 생태계 구축은 뮤지엄의 미래 지향적 발전 방향과 연결된다.

뮤지엄의 협력 네트워크 확장

오늘날 뮤지엄은 이처럼 다층적인 동시대성을 구현하기 위해 단순한 미적 경험을 넘어 사회와 문화, 기술과 예술, 인간과 비인간 간의 복잡한 관계 속에서 협력 네트워크를 촉진한다. 이 범역은 이제 인간을 넘어 과학과 기술, 자연, 가상의 비물질 등 비인간계로 확장되고 있다. 특히 최근 전시에서 환경 문제나 기후 변화 같은 주제를 다룬 이슈들이 자연과 인간과 기술의 상호작용을 강조하는 사례가 증가하고 있다. 이러한 전시는 환경 과학과 문화 예술을 결합해 인간의 활동이 자연에 미치는 영향을 시각화함으로써, 인간-기술-자연 간의 관계성을 시각화하고, 관람자에게 새로운 인식의 전환을 제안한다. 현대 사회는 끊임없이 변화하는 복합체이자 초연결 사회로, 개별 요소의 속성을 넘어 이들 간의 연결 능력과 그로 인해 발생하는 현상이 생존력과 지속 가능성을 강화한다. 이러한 협력적 네트워크 구조는 뮤지엄을 물리적 경계를 넘는 플랫폼으로 확장시키며, 예술과 과학, 사회적 감수성과 기술적 상상력이 융합되는 공생적 연결망 속에서 문화적 의미를 재구성하는 공간으로 기능하게 된다.

특히, 전 세계 뮤지엄의 융합과 개방은 개인의 소셜 미디어 활용과 관람자 개발 같은 마케팅 전략과 결합되면서, 관람자 중심의 커뮤니케이션 플랫폼으로 전환되었고, 실시간으로 참여, 공유, 소통하게 되었다. 스마트 기기의 활용과 개인주의 문화에서 관람자는 개인과 네트워크 주도의 자율성, 수평적 네트워킹, 상호작용 및 창의적 행동을 통해 사회적·문화적·경제적 가치를 창출할 가능성을 보여 주고 있다. 성장해 가는 뮤지엄 네트워크는 상호 불가분의 관계로 새로운 변화를 발생하게 하는 원인, 요소, 그리고 이 요소들의 집합과 분리, 또 다른 변형 등은 네트워크 밖에서 독립적으로 존재하지 않으며, 이들과의 관계맺음을 통해 더욱 촘촘해지고 다변화된다. 이러한 네트워크는 스스로 고유한 준거와 성장 동력, 정의를 가지며, 또 다른 협력 네트워크로 계속 확장된다.

AI로 인한 창작과 진성성의 변화

최근 뮤지엄의 가장 두드러진 변화는 AI 도입으로 전시 기획, 작품의 제작과 연출, 관람객 서비스, 데이터 수집 및 활용으로 이전에 없던 유형이 나타나게 되었다. AI를 통해 전시 기획자는 자율적이고 지능적 큐레이션을, 작가는 작품의 제작에서 생성과 코드화로, 예술 작품에는 새로운 소유 방식이, 고전 작품을 디지털로 재구성하고, 데이터 기반의 사이버네틱 예술 그리고 개인 참여와 집단 유대 방식 등 다양한 차원에서 혁신의 변화를 이끌어내고 있다.

전통적으로 예술 작품은 예술가 개인의 내적 열정, 창작 과정에 대한 통제력, 그리고 독창적 표현이 핵심 가치로 여겨져 왔지만, AI와 협업한 작품은 이러한 가치에 대한 새로운 질문을 던지게 된다. 특히 뮤지엄에서 전시를 목표로 하는 순수 예술 영역에서는 AI가 개입된 작품일수록 예술가 본연의 아이디어와 표현력이 약화되었다는 인식이 강하게 나타난다. 관람자 입장에서는 예술가가 AI를 단순한 도구로 활용한 것이 아니라, 창작의 주도권을 AI에게 넘긴 것처럼 보일 때 작품의 진정성은 더욱 의심받게 된다. 나아가 AI 사용이 창작 열정보다는 상업적 목적이나 기술적 실험에 기인한 것으로 비춰질 경우, 예술가의 동기 자체에 대한 신뢰가 약화될 가능성도 제기된다. 이러한 AI 기술의 활용에 작품 제작과 전시 연출에 대해 창작과 진정성 논쟁은 계속 이어지고 있다. 예술과 AI 협업은 반드시 진정성의 훼손으로만 연결되는 것은 아니다. 예술가가 AI를 창작 파트너로 삼아 새로운 예술적 실험과 표현 방식을 확장하거나, AI를 활용한 창작 과정과 개입 정도를 투명하게 공개할 경우, AI 창작은 오히려 예술가의 창의성과 도전 정신을 강화하는 긍정적 요소로 평가받기도 한다(Messer, 2024). 오래전부터 예술과 창작에 대한 논쟁에서도 그래왔듯이, 새로운 도구로 등장한 AI를 통한 창작과 진정성 논쟁은 예술가의 태도, 창작 관여 정도, 그리고 사회적 수용의 맥락에 따라 그 의미와 가치가 끊임없이 변화하는 영역으로 자리 잡아가고 있다.

이러한 변화 속에서 앞으로의 뮤지엄은 디지털과 컴퓨터 프로그램을 도구로 활용함에 인간적 가치, 사회적 관계, 윤리적 상상력을 어떻게 함께 구축하고 활용할 것인가를 계속 고민하고 있다. 최근의 AI 같은 지능적 기술은 더 이상 전문가나 기관만의 영역이 아니라, 뮤지엄을 찾는 대중 모두가 참여하고 이해하며 경험해야 할 공공적 지식과 문화로 확장되고 있다. AI를 활용한 창작, 큐레이션, 소유, 재현 등 뮤지엄의 근본 영역을 변화시키는 상황에서, 뮤지엄은 기술이 만들어 내는 새로운 문화적 풍경을 비판적으로 조망하고, 동시에 창조적으로 재구성할 수 있는 장치이자 실험장이 되어야 한다. 이를 위해 뮤지엄은 관람자와 함께 데이터와 알고리즘의 흐름을 이해하고, 작품과 각종 컴퓨터 프로그램이 어떻게 상호작용하는지를 공유하며, 기술과 사람, 과거와 미래, 물리와 가상을 가로지르는 복합적 공간으로서, 사회적 상상력과 새로운 문화적 합의를 형성해 가야 한다. 오늘날 디지털 전환(DX, Digital Transformation)에서 AI 전환(AX, AI Transformation) 시대로의 전환 과정에서 뮤지엄의 변화는 끊임없는 긴장과 협력을 통해 창조적으로 이어가는 뮤지엄의 하이브리드화로, 새로운 정체성과 의미 가치를 창출해 가야 한다.

창의적 행위와 경험 가치 기반의 문화 예술 공동체

뮤지엄의 하이브리드화는 과학적 탐구와 기술적 실천, 예술적 감상, 능동적 체험과 경험적 학습이 결합되어 새로운 전시와 작품 표현 방식을 가능하게 하였다. 오늘날 뮤지엄의 더욱 커진 역할은 스스로 '창의적 행위'를 실천하고, '경험 가치'를 발견하도록 돕는 데 있다. 관람자의 창의적 행위는 개인적 취향이나 정체성을 표현할 뿐 아니라, 뮤지엄이라는 공동의 문화적 공간에서 사회적 교류와 공동체적 학습의 기회를 제공한다. 개인의 경험은 공동체 문화로 이어지며, 연결과 협력으로 공유를 통해 창의적 행위와 경험 가치는 증폭된다. 확장된 뮤지엄에서는 전 세계 네트워크 속에서 호혜적 관계를 기반으로 새로운 거버넌스 가능성을 지니게 되었다. 그러나 여전히 문화적 · 사회적 불균형이나 차별이 존재하고, 오늘날 뮤지엄은 국적 · 문화 · 종교적 차이를 넘어 상호 존중하는 코스모폴리타니즘(cosmopolitanism) 정신의 실천이 요구된다. 궁극적으로 뮤지엄의 민주화는 모두가 참여하는 공동 생산(co-production)을 통해 공존과 상생의 원리를 구현하고, 세계 문화 예술의 지속 가능한 생태 정치적 실천을 이끌어 가는 방향으로 나아가야 한다.

테크노사이언스와 융합해 가는 뮤지엄은 기술과 예술, 인간과 데이터, 물리적 공간과 가상공간을 넘나드는 복합적 실험장이자 창의적 공론장으로 자리 잡고 있다. 특히 디지털 네이티브 세대나 NFT와 AI를 통한 사례처럼 개인이 쉽게 창작자로 등장하는 환경은 새로운 예술의 실천 방식으로 자리 잡아가고 있다. 테크노사이언스와 결합한 예술은 관람자의 내면을 자극하고, 감각적 몰입과 심리적 긴장감을 유발하는 방식으로 작동하게 되었고, 관람자의 참여와 전시를 연출하는 데 필수 요소가 되어 가고 있다. 사물과 비인간으로부터 예술적 가능성을 탐구하던 예술의 전위적 실험은 오늘날 AI, 알고리즘, 생성형 기술 등 고도화되는 컴퓨터 프로그램을 도구로 활용해 새로운 예술을 촉진하고 있다. 사회적 인식 변화와 테크노사이언스로 인한 대중의 참여 방식 확장은 스스로 의미를 창출하고, 디지털 자료를 큐레이션하거나 재창작하는 적극적 행위 주체로 변화하게 되었다.

동시대 뮤지엄은 뮤지엄을 구성하는 모든 구성 개체가 공동 생산의 과정을 실천하는 공간으로 변모하고 있다. 이는 작품이나 전시의 제작 과정에 대중이 참여하거나, 그들의 경험과 활동 자체가 새로운 문화 예술적 가치로 환원되는 방식으로 나타난다. 나아가 개인의 창의성과 집단적 상상력이 결합되는 이 공동 생산의 과정은 뮤지엄이 테크노사이언스를 통해 단순히 콘텐츠를 보여주는 주체가 아니라, 관람자와 함께 지식, 경험, 문화 자산을 새롭게 만들어 가는 주체로 변화하고 있음을 상징한다. 이제 뮤지엄에서는 문화 예술의 생산과 소비 방식을 넘어, 창의적 행위와 경험 가치를 중심으로 '공동(Public)의 뮤지엄'으로 진화하고 있다. 뮤지엄의 하이브리드화는 우리 사회의 모든 개체들의 차이를 인식하고 결합함으로써, 그 가치와 에너지를 발견하면서 창조적으로 변화해 가는 과정 중이다. 디지털 시대에서 AI 시대로, 또 새롭게 다가올 시대에 앞으로의 뮤지엄은 지속 가능하며 창의적인 공동 생산 구조를 통해 문화 예술의 '의미 가치 선순환'을 이끌어 가야 할 것이다.

참고문헌

김문조(2013). 『융합문명론 - 분석의 시대에서 종합의 시대로』. 나남.

김선규(2020). 프래그머티즘과 인공지능 시대의 예술경험 - 인공지능 시대, 예술의 종말과 미정 경험의 반복. ≪철학탐구≫, 59, 175-211쪽.

김소영(2021). 디지털 패러다임과 문화콘텐츠 연구에 관한 제언: 디지털 매체의 인터페이스, 기술이미지, 탈경계적 개체를 중심으로. ≪글로벌문화콘텐츠학회≫, 49, 1-17쪽.

문화체육관광부(2018). 『문화정책의(재)구성-발전을 위한 창의성 증진』. 유네스코한국위원회.

심지영(2020). 박물관의 가상현실 활용방식에 관한 연구. ≪글로벌문화콘텐츠≫, 43, 85-112쪽.

이보아(2018). 『박물관 테크놀로지 - 인문과 기술의 융합으로 예술을 경험하다』. 김영사.

이필(2019). 『뉴 뮤지올로지 방법론의 유효성과 비판적 수용, ≪미학예술학연구≫, 56, 295-321쪽.

최경희(2021). 행위자-네트워크 이론(ANT)을 통한 뉴 뮤지엄의 변화 연구 - '번역' 과정을 적용한 '아트 앤드 컬처' 사례 분석. ≪한국과학예술융합학회≫, 39(5), 443-456쪽.

최경희(2023). 뮤지엄의 기술적 현상 - 디지털 전환으로의 뉴 뮤지엄 사례 분석. ≪한국과학예술융합학회≫, 41(1), 339-352쪽.

최경희(2025). 뮤지엄의 하이브리드화 연구. 강원대학교 영상문화학 박사학위논문.

Belcher, Michael(1991). 『박물관 전시의 기획과 디자인』. 신자은 · 박윤옥 옮김. 예경. 2006.

ICOM(국제박물관협의회). www.icom.museum

Latour, Bruno et al.(1999). *Pandora's Hope: Essays on the Reality of Science Studies*. Harvard University Press. 홍성욱 옮김(2010). 『인간, 사물, 동맹』. 이름.

Malraux, André(1947). *Le Musée imaginaire*. Skira. 김웅권 옮김(2004). 『상상의 박물관』. 동문선.

Messer, Uwe(2024). Co-creating art with generative artificial intelligence: Implications for artworks and artists. ELSEVIER.

Parry, Ross D.(2013). The End of the Beginning: Normativity in the Postdigital Museum. *Museum Worlds*, pp.24-39.

01
뮤지엄 패러다임 전환

기술 발전과 초연결 사회의 도래로 뮤지엄은 시공간의 제약을 넘어, 경계 해체적 세계로 진입했다. 과학적 탐구, 기술적 도구, 예술적 감각, 체험적 경험이 융합된 새로운 복합체로 뮤지엄의 확장은 참여 문화와 현대 문화 예술의 발전을 견인하는 중요한 동력으로 작용하며, 뮤지엄 패러다임 전환을 이어가고 있다.

AI와 1인 창업?

뮤지엄 패러다임

프리초프 카프라(Fritjof Capra)는 사회적 패러다임을 그 사회의 공동체가 공유하는 개념, 가치, 인식을 변하게 하고 실천으로 이어져, 공동체가 스스로를 조직해 가는 방식에 특정한 관점을 형성하는 것이라고 말한다(Capra, 2004). 뮤지엄 학자 로스 패리(Ross D. Parry)는 물질문화로 전환된 패러다임 속에서 발전해 온 뮤지엄의 디지털 전환은 뮤지엄 프로그램(전시, 교육, 운영 등)에 기술을 적용하는 차원을 넘어서 뮤지엄의 개념과 뮤지엄에 관련된 업무를 수행하는 사람의 능력과 마음가짐의 변화도 필요로 한다고 했다. 특히 기술이 초기 단계를 지나 혁신과 규범적인 상태에 도달했음을 강조하며, 기술의 역할이 단순히 도구적 수준을 넘어 뮤지엄의 운영 및 연구 철학까지 영향을 미친다고 주장한다(Parry, 2013). 패러다임은 현재의 구조가 위기에 처하는 순간 새로운 담론으로서 도약하는 역동적 상호작용을 포함한 것으로, 사회적 실천을 위한 준거로 작용한다. 즉, 사회 변화의 패러다임적 접근은 지속적인 과정으로서의 융합 문화에 관한 이해와 과정의 단면적 성격을 파악할 수 있는 다중적 인식 틀을 제공한다.

20세기 중반 이후, 특히 포스트모던 시대에 들어서면

서 뮤지엄의 역할은 민주주의의 확산, 대중문화의 부상, 그리고 다양한 사회적, 문화적 정체성을 존중하는 흐름과 맞물려 급격히 변화하기 시작했다. 이로 인해 뮤지엄은 대중과 상호작용하고 사회적 담론을 형성하는 열린 공공의 장소로 변모하게 되어 공공성, 계몽, 교육 등이 중요시되었고, 뮤지엄 개념의 본질을 규정하는 틀로서 작용하게 되었다. 이제 21세기 뮤지엄은 관람자의 참여를 중요한 요소로 인식하게 되었으며, 사회적 관계를 중심으로 일반 대중과 만남이 이루어지는 접점에 대해 명확히 인식해 가고 있다. 이러한 접점은 물리적이거나 또는 매체, 가상의 공간에서의 만남이 기존의 직접적이거나 또는 제어하기 어려운 간접적 만남에서, 뮤지엄은 공공기관으로서 대중과의 접점이 매우 중요하게 되었다(Belcher, 2006). 니나 사이먼(Nina Simon)은 소통과 참여의 방법을 실천하는 '참여적 뮤지엄'을 제안하며, 새로운 사회관계망 기술이 성장함에 따라 뮤지엄이 활발한 관계를 형성하고, 나에서 우리로의 경험을 통해 개인의 가치와 공동체적 조화를 추구해야 한다고 강조했다(Simon, 2015). 동시대 뮤지엄의 네트워크가 확장되는 것은 소통과 참여를 기반으로 이루어지며, 이는 주체의 다변화, 소통 대상의 확장, 소통 영역의 증폭 등을 동시에 촉진하게 된다.

ICOM(International Council of Museums, 국제박물관협의회)은 2007년 정의했던 뮤지엄의 개념을 2022년 15년 만에 다시 개정했다. 개정된 정의의 핵심은 다양성과 지속 가능성을 촉진하며, 경험을 제공하고, 지역 사회의 참여로 운영하고, 의사소통한다는 것이다. 이는 뮤지엄을 단순한 물리적 공간이 아닌 기능적 기관으로서의 역할로 확장시킨 것으로 이해할 수 있다. 이제 뮤지엄은 동시대 사회적, 문화적 변화를 반영하며, 그 과정에서 다양한 목소리를 담아내는 열린 공동의 장소로서, 다양한 문화와 집단의 사회적 역사와 가치를 반영하기 위한 수단으로서 기술을 도입함으로써 새로운 뮤지엄의 형태가 등장하게 되었다.

새로운 패러다임이란 단순한 점진적인 변화를 통한 결과가 아니라 혁명적인 사고의 전환과, 단순한 지식의 축적이 아닌 인식 체계 자체의 변화를 요구한다. 뮤지엄의 패러다임 전환은 기술의 급격한 발전과 대중의 참여 형태가 변화하면서 혁신을 가져왔으며, 이 과정에서 뮤지엄의 구성 개체들이 차이와 다양성의 가치와 중요성을 새롭게 인식하고, 그에 맞는 역할 변화를 모색하고 있다. 다음으로 뮤지엄의 패러다임 전환을 이끄는 주요 구성 개체인 공간, 작품, 작가와 전시 기획자, 기관의 역할에 변화 양상을 살펴보고자 한다.

공간의 확장

세르토(Michel de Certeau)는 공간이란 이동 가능한 여러 요소들의 상호 교차에 의해 구성되는 지점으로, 특정한 방향과 상황을 지닌다고 설명한다. 물리적 지점에 단일한 위상이 부여되는 장소와 달리, 공간은 다양한 요소들이 교차하며, 각각의 상황과 맥락에 따라 변화할 수 있는 특성을 지닌다. 이는 물리적 장소에 사람들이 행하는 실천이 더해지면서 다층적인 의미가 부여되는 존재가 바로 공간임을 시사한다(Certeau, 1984; 정헌목, 2013 재인용). 뮤지엄의 공간은 고정된 물리적 장소가 아니라 행위 주체들의 실천과 상호작용을 통해 끊임없이 의미가 구성되고 변화하는 관계적 공간이다. 특히 디지털 기술의 도입으로 뮤지엄의 공간은 가상공간으로 확대되어 새로운 경험과 감각을 확장시켰다. 뮤지엄에서 필요한 것은 전통적 공간의 변화에 대한 두려움이 아니라, 새로운 공간 논리를 분석하고, 관람자와 맺는 관계, 정체성, 경험에 대해 폭넓게 조망하는 것이다. 이는 새로운 형태의 공간에서 의미를 부여하고 상호작용을 지속할 수 있는 방법을 모색하는 데 있다. 공간은 시간과 연결되어 지속성을 갖는 것으로, 존재와 밀접하게 관련되어 단순히 행위가 일어나는 장소를 의미하지 않으며, 물리적 의사소통의 네트워크를 이어주는 매개체이자 정보 흐름의 내용이 교차되는 접합 지점이 된다. 이러한 뮤지엄의 공간은 흐름의 공간이라는 특성을 가지며, 사회적 실천 장소와 분리될 수 없는 형태로 존재하게 된다. 이제 확장된 가상공간은 뮤지엄의 가상 생태계를 형성하고, 관람자와 새로운 방식으로 활발한 교류와 경험을 가능하게 구현해 나가고 있다.

작품의 생성과 코드화

기술과 컴퓨터 프로그램을 도구로 활용한 예술의 영역에서 작품은 제작과 생성 과정을 교차해 가고 있다. 특히, AI를 활용해 작품을 생성하는 새로운 형태는 피상적 이미지에 대한 논쟁을 촉발시키고 있다. AI와 인간의 상호작용으로 생성된 예술은 관조적 미학을 넘어, 경험과 실천을 중시하는 프래그머티즘 미학으로 전환되고 있다. AI 예술 작품은 우리의 삶을 또 다른 예술로 되돌려 놓으며, 일상과 예술의 경계를 허물고 우리의 경험을 더욱 풍요롭게 하는 동반자임을 요구하고 있다(김선규,

2020). 디지털 작품은 단순히 오브제로 배치되고 보여주는 것이 아닌, 다양한 매체를 통해 공유되어 우리 일상과 밀접해진 디지털 문화 예술의 중심이 되어 가고 있다. 이러한 디지털 생성 예술은 작품의 제작 의도와 가치에 새로운 해석의 층위를 부여하며, 예술을 소유하고 사유하는 방식에도 근본적인 변화를 일으키고 있다. 나아가 AI와 인간의 협업은 예술 표현의 영역을 확장시키며, 창작 주체성에 대한 전통적 개념에 도전하고 있다. 또한 개인화된 수많은 컴퓨터 프로그램 사용은 대중의 접근성을 크게 확장시켜 예술 창작의 민주화를 촉진하게 되었다. 이러한 대중 참여의 확산은 창작과 감정적 교류를 통해 더욱 풍부한 문화 예술을 만들어 가는 방향으로 변모하고 있음을 보여준다.

창조적 매개자와 공동 참여

작가와 전시 기획자는 전시의 효과적인 전달과 관람자 경험의 완성도를 높이기 위해 상호 보완적인 협력 관계를 형성한다. 이들은 전시 전체를 하나의 유기체로 보고 기술을 활용함으로써 이를 더욱 효과적으로 구현한 네트워크는 전시의 방향성과 주제, 메시지를 구성하는 데 핵심적인 역할을 하며, 기술, 공간, 관람자 간 상호작용의 토대를 형성한다. 특히 이러한 전시 연출은 기술적 상상을 예술적 개념으로 변환하고, 이를 다시 관람자가 해석 가능한 상징체계로 풀어내는 '창조적 매개자'로 기능한다. 이러한 과정은 단순히 시각적 형상을 제시하는 것을 넘어, 관람자가 능동적이고 창의적으로 참여할 수 있는 기반을 조성하는 데 목적이 있다. 즉, 작가와 전시 기획자는 관람자의 인지적, 감각적 참여를 유도하는 설계자이자, 기술과 예술, 공간과 해석을 매개하는 해석적 연결자로서 전시의 복합적 경험을 주도하게 된다. 이 과정에서 작가와 전시 기획자는 선택과 선별을 통해 융복합 전시를 기획하며, 전시의 복잡성과 다양성을 반영한다. 무엇보다 이제 뮤지엄에서는 AI와 빅데이터로 관람자의 행동 패턴과 선호도를 분석해 맞춤형 전시 경험을 제공한다. 또한 관람자들 간의 실시간 소통은 뮤지엄 관람의 시간 점유 효과를 평가하는 새로운 기준이 될 수 있다. 작가와 전시 기획자에게 관람자의 확보와 시간 점유를 위한 전시를 구성하기 위해서는 사회적 가치와 대중과 공감하기 위한 인문학과 철학의 중요성이 더욱 부각되고 있다.

대중과의 향유와 실험적 기관

뮤지엄을 운영하는 기관에서는 새로운 형태의 뮤지엄 운영을 위해 단순히 기술 도입을 넘어, 대중의 참여를 통해 사회적 책임감과 윤리적 감수성을 고취시키고, 공공의 담론과 자유롭고 창의적인 토론 장소의 역할까지 수행해야 한다. 이를 위해 뮤지엄은 작가와 전시물의 내재된 유동성과 변화 가능성을 바탕으로, 관람자와의 역동적인 상호작용 속에서 끊임없이 의미를 재구성하는 변증적 미학을 실천하는 기관이 되어야 한다. 뮤지엄의 이러한 역할은 다양한 행위 개체들이 결합된 창조적 네트워크를 촉진하며, 문화 예술이 재구성되는 의미 가치를 창출하는 데 기여하게 된다. 기관의 이러한 노력은 문화적 정체성과 사회적 연대를 강화하고, 공동의 새로운 예술 담론을 창출하는 기관으로서 자리매김할 수 있을 것이다.

뮤지엄은 기획자, 작가, 관람자, 후원자, 정부 기관 등 다양한 이해관계자들로 구성되어 있으며, 이들은 각자의 목표와 가치에 따라 뮤지엄에 영향을 미친다. 이들은 때로는 새로운 방향을 제시하는 동력이 되기도 하고, 때로는 비판의 대상이 되기도 하며, 집단적 영향력을 형성하거나 문화적 에너지를 창출하기도 한다. 이러한 이해

관계 속에서 새로운 해석이 도출되며, 협력적 관계망을 더욱 정교하게 함으로써 뮤지엄의 패러다임을 이끄는 모든 구성 개체들은 수평적으로 더욱 넓어지며, 상호 협력적인 위치에서 창의적이고 의미 있는 역할을 수행하게 된다.

뮤지엄 구성 개체와 AI·인터랙션

살펴본 뮤지엄의 구성 개체인 공간, 작품, 작가와 전시 기획자, 기관은 디지털 기술을 넘어 AI와의 인터랙션으로 뮤지엄의 하이브리드화를 더욱 가속화시켜 나가고 있다.

동시대 뮤지엄의 가장 큰 물리적 변화는 공간의 확장이다. 정보통신 기술의 발달로 전 세계 뮤지엄은 웹사이트를 통해 관람자와 실시간 소통을 확대하게 되었다. 스마트 기기 사용자의 증가는 뮤지엄의 공간 확장과 서비스에 개인화를 가능하게 해 언제 어디서나 전시 공간에 접속할 수 있게 되었다. 이로 인해 뮤지엄은 더욱 강화된 관람자 중심의 참여, 소통, 공유를 적극적으로 추진하고, 새로운 매체를 활용한 다양한 전시 양식을 개발하고 있다. 이러한 스마트 기기는 관람의 자율성을 부여할 뿐만 아니라, 연결성과 완전성이 내재된 관람 모델을 통해 관람 경험을 시공간적으로 확장시켰다. 또한 개인의 소셜 미디어는 전시 개최에 구전 효과 및 관람자 개발 등의 마케팅 전략과 결합되면서 웹상의 뮤지엄을 커뮤니케이션 플랫폼으로 전환하고, 관람자 중심의 참여, 공유, 소통을 유도하는 새로운 가능성을 열고 있다(이보아, 2018). 이제 지능화된 웹 시대에 접어들면서, 데이터 기반의 개인 맞춤형 콘텐츠 개발과 서비스가 가능해져, 사용자 중심으로 변화하는 시대로(박영하, 2017), 가상공간의 뮤지엄에서도 글로벌 교역이 확장되어, 관람자가 원하는 콘텐츠를 원할 때 관람할 수 있는 선험적 뮤지엄 모델로 발전하고 있다.

다음으로 작품과 전시 연출은 뮤지엄을 구성하는 모든 개체들 간의 관계적 구조를 재정립하고, 새로운 창의적인 개체의 등장에 기여하고 있다. 디지털 전환 확대는 작품과 전시 연출에 더욱 세분화된 방식으로 소통할 수 있는 관계를 열어주며, 작품 구성과 전시 인사이트를 확장하고 있다. 최근에는 AI와 알고리즘을 활용한 작품 생성으로 인간과 기계의 협업을 통한 혁신적인 결과물이 산출되면서 예술과 창조에 대한 새로운 사회적 쟁점이 나타났다. 또한 NFT(Non-Fungible Token) 기술의 도입은 작품의 소유 방식에 근본적인 변화를 가져와, 작품의 디지털 소유권을 명확히 하고, 거래의 투명성과 안정성을 높이며, 디지털 예술 작품이 새로운 시장과 가치를 창출해 예술 경제의 패러다임 전환을 주도하고 있다. 나아가 AI는 고전 작품을 가상에 재현하며 관람객의 경험과 감각을 확장시키고 있다. 또한 고전 명화와 테크노사이언스 미학이 결합된 가상 전시는 전통적 예술 감상 방식에 혁신을 가져오고, 과거의 예술이 현대적 기술과 결합한 새로운 형태의 미적 경험을 제공하고 있다. 데이터와 AI를 활용한 작품과 전시 연출은 각종 기계 장치와 전시에 참여한 모든 개체들의 상호작용과 피드백을 반영하는 사이버네틱 예술로 표현되기도 한다. 작품과 전시 연출에 활용된 데이터는 단순한 정보의 나열에서 벗어나 전시를 구성하는 모든 요소들의 관계적 전환을 이루는 중요한 매개체로 자리 잡으며, 모든 참여자의 데이터가 만들어 내는 인터랙션 속에서 새로운 예술적 가능성을 지속적으로 탐구하고 있다.

전 세계 유물과 자료들의 디지털 전환과, 이 방대한 데이터를 기반으로 뮤지엄 운영에 AI 시스템을 활용함으로써 온오프라인의 다양한 매체를 통해 개인화된 서비스를 제공하게 되었다. 관람객의 SNS와 연동해 게시된 이미지에서 일상생활과 예술의 시각적 관계를 탐색하고, AI 플랫폼에서 오픈 액세스 소장품으로 대체하는 서비스를 제공해 더 많은 데이터의 축적과 분석이 이루어진다. 이를 통해 예술이 일상과 결합하며 자연스럽게 발생한 표현물로 자리 잡게 된다(강윤주 외, 2020). 뮤지엄의 AI 기술 도입은 관람객의 참여 확대는 물론 홍보, 자료 공개 등 전문적 역할을 수행하게 되었고, 이와 함께 직원의 업무 효율성을 높이고 전시 콘텐츠의 깊이를 더하는 데에도 적극적으로 기여한다. 또한 맞춤형 큐레이션 제공을 위해 사용자의 관람 기록, 선호도의 데이터 전환, 전시 해설의 지능화로 개인화된 서비스 제공이 가능하다. 이로써 뮤지엄의 모든 데이터는 관람자와의 인터랙션을 구현하기 위해 활용하며, 스마트폰과 IoT 센서로 수집된 이동 동선, 체류 시간, 관심도를 분석해 전시 배치나 공간 흐름 개선이 가능해졌다. 최근 뮤지엄에서도 AI의 적극적 활용은 관람자에게 최적화되고 지능적인 서비스 제공과 창의적 교육프로그램 개발이 활발하게 이루어지고 있다.

참고문헌

강윤주 외(2020). 『포스트 코로나 시대의 생활예술』. 책숲.

김문조(2013). 『융합문명론 - 분석의 시대에서 종합의 시대로』.

나남.
문화체육관광부(2018). 『문화정책의(재)구성 - 발전을 위한 창의성 증진』. 유네스코한국위원회.
민수홍(2019). 사물의 문화, 디자인, 그리고 과학/기술의 상호구성성 이해 - 행위자네트워크이론의 이해를 중심으로. ≪한국기초조형학회≫, 20(1), 173-187쪽.
박영하(2017). 『웹 3.0시대, 국가정책포털 재도약의 시기』. 미래정책포커스.
이보아(2018). 『박물관 테크놀로지 - 인문과 기술의 융합으로 예술을 경험하다』. 김영사.
정헌목(2013). 전통적인 장소의 변화와 '비장소(non-place)'의 등장 - 마르크 오제의 논의와 적용사례들을 중심으로. ≪비교문화연구≫, 19(1), 107-141쪽.
하이브리드컬처연구소(2008). 『하이브리드 컬처』. 커뮤니케이션북스.
Bishop, Claire(2014). *Radical Museology: Or What's Contemporary in Museums of Contemporary Art?.* Koenig Books. 구정연 외 옮김(2016). 『래디컬 뮤지엄』. 현실문화.

02
뮤지엄과 테크노사이언스 관계망

테크노사이언스는 과학적 탐구와 기술적 실천이 연속적으로 결합하는 것으로, 현대 사회의 혁신과 변화에 중요한 구심점이 되었다. 동시대 문화 예술은 테크노사이언스와의 지속적인 관계와 생성의 흐름 속에서 끊임없는 창의성을 바탕으로 뮤지엄의 급진적 전환을 이끌어 나가고 있다.

AI와 MBTI?

뮤지엄과 테크노사이언스의 융합

전통적으로 과학은 자연 현상과 그 법칙을 탐구하며, 이론적 가설과 실험적 검증을 통해 체계적인 지식을 생산하는 학문으로 정의된다. 반면 기술은 과학적 원리와 실용적 지식을 토대로, 이를 실생활에 적용할 수 있도록 개발된 기계, 도구, 방법론 등을 포함한다. 과학적 발견은 기술적 도구와 방법론에 의존하며, 반대로 기술의 발전은 새로운 과학적 지식을 필요로 하거나 그 성립을 촉진하기도 한다. 이러한 이유로 과학과 기술은 본질적 특성과 기원, 수행 단계가 동일하지는 않지만 서로 얽혀 있는 관계로, 일반적으로 '테크노사이언스(technoscience)'라는 개념으로 통칭되고 있다(황희숙, 2015). 테크노사이언스는 과학기술학(Science and Technology Studies, STS)에서 파생된 개념으로, 과학과 기술이 독립적인 체계가 아닌 상호 결합된 방식으로 현대 사회를 재구성하는 중요한 동력으로 작용함을 의미한다. 이는 과학과 기술이 지닌 사회적, 문화적 맥락을 통합적으로 해석하려는 시도이며, 테크노사이언스를 통해 복잡한 현대 사회의 구조와 동력을 고차원적으로 분석할 수 있는 접근법을 제시한다. 라투르는 테크노사이언스의 예측 가능한 성격은 실험실에만 머무는 것이 아니라 사회적 세계와 연결망을 더 멀리 확장시키며, 새롭게 해석하는 번역(translation)을 통해 서로를 연결하고 재구성해 나간다고 본다. 번역은 의미, 권력, 역할, 행위자들을 재구성하고 조정해 가는 과정으로, 새로운 기술이나 과학적 발견으로 연결망을 더욱 확장하게 해준다(라투르, 2016). 즉 라투르는 테크노사이언스를 통해 다각적이고 고차원적으로 분석하는 접근 방식을 시도해 사회적, 문화적으로 테크노사이언스와 융합되는 과정을 포괄적으로 이해하고, 자연과 사회, 담론의 영역을 아우르는 매개 작용과, 테크노사이언스를 통해 증식하고 확장되는 현상을 설명한다(라투르, 2009). 도나 해러웨이(Donna Haraway)는 과학과 기술이 정치적, 사회적 구조에서 형성된다고 보며, 테크노사이언스를 비판하는 동시에 이를 사회적 변화와 해방의 도구로 사용할 가능성을 제시했다(해러웨이, 2016). 발전하는 테크노사이언스와의 융합을 통한 뮤지엄의 하이브리드화는 관계의 혁신과 예술을 창출하며, 끊임없는 창의성을 바탕으로 동시대 뮤지엄의 전환을 이끌어 나가고 있다. 이 책의 주제는 문화 예술과 테크노사이언스의 융합으로 인한 뮤지엄 패러다임 전환으로, 이러한 변화를 시도하는 동시대 뮤지엄의 모든 행위자(actor)에 대한 구체적인 양상에서 앞으로 뮤지엄의 역할에 대해 살펴보는 것이다.

테크노사이언스는 기술적 혁신과 과학적 관찰이 문화 예술과의 결합으로 확장되면서, 단순히 장식적 기능을 넘어, 서로 이질적인 영역 간의 관계를 매개하고 촉진하는 인터페이스로 기능하게 되었다. 뮤지엄이 이러한 현상을 대중에게 공유하는 것은 문화 예술의 사회적 확장을 위한 실천이다. 이러한 변화는 뮤지엄의 미학적 범위를 기존의 시각적 연구에서 나아가 기술적, 신체적, 감각적인 영역에서, 학제적 연구 영역까지 포괄하도록 확장되었다. 1988년부터 시작된 국제 심포지엄 ISEA(International Symposium on Electronic Art)는 매년 실험 예술, 전자 예술, 미디어아트 분야의 예술가, 연구자, 전문가들이 모여 예술, 과학, 기술 간의 관계를 다층적으로 논의한다(ISEA, 2023). 이 심포지엄은 학제 간 담론과 교류를 중심으로 기술, 과학, 예술이 서로 연결되는 방식과, 이를 통해 생성되는 관계성의 구조를 탐구한다. 이 심포지엄에서는 인간-컴퓨터 상호작용(HCI), AI, 3D 스캐닝, 인터랙티브 미디어 등 다양한 첨단 기술이 예술과 결합된 전시가 이루어지며, 이를 통해 과학적 이론과 신기술이 예술적 가능성을 확장시키는 교차점을 보여준다. 이러한 실험적 전시는 다양한 문화 예술을 반영하고, 기술과 과학적

이론의 융합적 사고방식과 창의적 시도로 미래 뮤지엄의 방향성을 모색해 가는 것이다.

최근 뮤지엄 운영에는 다양한 AI 플랫폼과 도구, 오픈 액세스, 소장품 데이터세트, 주제 키워드 등을 관람자들에게 제공하며, 관람자와 웹사이트를 방문하는 글로벌 사용자들에게 창의적이고 혁신적으로 연결하는 성과를 창출해 가고 있다(이보아, 2023). 관람자의 행동 데이터를 분석해 전시물의 인기도를 평가하고, 방문 시간대나 이동 경로를 파악함으로써 맞춤형 전시 기획이 가능해졌다. 이러한 데이터 기반 운영은 관람자의 만족도를 높이는 동시에, 뮤지엄의 자원을 효율적으로 관리하고 배분하는 데 중요한 역할을 한다. 이는 관람자의 경험을 향상시키며 뮤지엄 운영의 효율성을 극대화하는 데 기여한다. 뮤지엄의 디지털 기술과 컴퓨터 프로그래밍의 다양화와 상호작용의 확장은 가상현실 체험과 개인화된 경험을 중심으로 새로운 가능성을 현실로 이루어지게 한다. 이러한 변화는 단순히 디지털 환경 안에서만 이루어지는 것이 아니라, 가상공간과 현실을 연결하며 그 경계에 새로운 관계를 형성하는 하이브리드적 접근이라고 할 수 있다.

테크노사이언스의 발달은 우리 생태계에 새로운 요소

의 개입으로 다차원적 관계성과 연결성의 확장된 집합체로 현실을 인식하게 하며, 변화에 의한 경쟁보다 공존과 상생의 필요성을 강조하는 새로운 인식 전환이 중요하게 되었다. 무엇보다 테크노사이언스와의 관계 속에서 미적 가치와 문화적 의미에 대한 예술의 가치를 재해석하게 되었다. 첨단 예술은 왜곡된 상상력이나 저열한 수단으로 보이기도 하지만, 기존 질서와 위계를 전복하거나 일상적 가치에 새로운 감각을 부여하는 비판적 시선과 전복적 실천도 가능케 한다. 이제 문화 예술은 우리 일상의 특별하지 않은 가치를 느끼지 못했던 모든 사물들, 밑바닥에 있었던 것, 가상의 비물질성, 코드의 조합까지 그 표현 영역이 확장되고 있다. 역사 속에서 예술은 항상 대항하고, 혁신적이고, 사고의 전환을 유도해 왔으며, 이제 테크노사이언스와 융합하면서 가상과 현실의 경계 허물기를 통해 더 많은 사람들이 참여할 수 있는 열린 구조로 가고 있다.

테크노사이언스에 내재한 가능성은 이질적인 요소들 간의 복잡한 상호작용과 새로운 시스템 구축을 가능하게 하였고, 이는 문화예술 및 뮤지엄의 다차원적 공현존 시대를 열었다. 특히 온라인 뮤지엄 플랫폼은 공유 문화 확산의 중개자로서, 전 세계적으로 뮤지엄 간 상생과 협력을 강화하며, 사이버 공간의 인터페이스를 기반으로 각 기관이 소장한 작품과 자료를 통합적으로 제공하는 네트워크를 형성하고 있다. 테크노사이언스를 통해 뮤지엄은 새로운 유형으로 바뀌어 가며, 유무형의 공통의 가치를 지속 가능한 방향으로 구현해 나가는 과정이다.

문화 예술, DX를 넘어 AX로

디지털 예술은 이미지와 실재의 관계 문제를 본격적으로 다루며, 관람자에게 지금까지 당연하게 실재 또는 현실이라고 여겨졌던 것들 중 과연 무엇이 실재이고 현실인지에 대한 존재론적 물음을 던진다. 물리적 공간에 설치된 디지털 작품과 최근 가상공간에서 이루어지는 전시에 작품 자체에 실체가 없다는 특성을 지니며, 이는 관람자로 하여금 작품의 현존성과 시간성을 고민하게 만든다. 관람자는 변화된 전시환경에 때로는 명확한 결론이 존재하지 않는 작품에 대해 회의적이고 혼란스러운 느낌을 경험하기도 한다. 결국 가상이라는 개념에 대한 탐구는 본질적으로 현실과 실재에 대한 철학적이고 근본적인 질문으로 이어진다. 디지털 예술에 관한 논의는 기술적 구현의 수준을 넘어 예술과 현실, 그리고 인식의 경계를 재설정하는 새로운 철학적 담론을 형성하고 있다.

디지털 시대에 사회 전반에서 진행된 디지털 전환(DX)은 정보의 흐름과 조직 운영 방식을 근본적으로 변화시키며, 일상적 소통과 우리 환경의 디지털화를 가속화시켰다(윤커뮤니케이션즈 디지털미디어랩, 2024). DX는 디지털 기술이 인간 삶의 모든 측면에 영향을 미쳐 나타나는 변화로 이는 단순히 디지털화(Digitization)를 넘어 생산 구조와 생태계를 재편하는 구조적 전환으로 이어지고 있다(NIA, 2024). 이러한 흐름은 문화 예술에도 확산되어 예술의 창작, 유통, 감상, 참여 방식 전반에 디지털 기술이 통합되는 전환이 일어나고 있다. 현재 AI는 우리사회의 모든 분야에 걸쳐 획기적인 혁신과 더불어 다양한 논쟁 및 사회적 과제를 야기하였고, 이제는 모든 분야에서 AI를 활용하지 않을 수 없게 되었다. 생성형 AI의 출현 이후 등장한 AI 전환(AX) 개념은 급속히 발전하는 AI 기술이 가져올 획기적 변혁을 의미하는 것으로(Rohn, 2025), 이제 문화 예술에서도 생성형 AI를 활용한 창작이 급속히 확산되며, DX를 넘어 AX로 도래하게 한다. AX는 예술의 주체와 의미 구성 방식을 전환시키며, 인간의 직관과 창의성을 보완하거나 대체함으로써 예술 창작의 범위와 정의 자체를 재구성하고 있다. 나아가 AX는 단순히 창작 영역에만 머무르지 않고, 문화예술의 큐레이션, 보존, 관리, 그리고 교육 및 전시 등 전 과정에 걸쳐 혁신적 변화를 초래하고 있다. 유물의 고해상도 스캔, 3D 모델링, VR, AR 같은 디지털 기술은 AI와 결합해, 기존 뮤지엄의 전시 방식, 아카이빙, 공유 등에 이전에 없던 새로운 형태로 나타나고 있다. 전 세계 뮤지엄 자료의 디지털 대전환과 이와 함께 사용자의 패턴을 포함한 빅데이터는 생성형 AI에 적극적으로 활용되어 AX로의 전환이 가속화되어 가고 있다.

그러나 DX와 AX로의 과정에서는 창작자의 역할, 창작 행위의 본질에 대한 윤리적, 철학적 논쟁을 불러일으킬 수 있으며, 데이터 프라이버시와 개인정보 보호 문제 또한 간과할 수 없다. AI 시스템이 수집하고 분석하는 사용자 정보 또한 엄격한 윤리적 기준과 법적 규제의 적용을 받아야 한다. AI가 생성한 작품의 저작권, 소유권, 진본성 등 법적이고 윤리적인 문제들은 작가와 기관, 기술기업 간의 긴밀한 협력과 사회적 합의를 통해 해결해 나가야 할 중요한 과제로 부상하고 있다. 따라서 DX와 AX의 잠재력을 극대화하면서 사회적 위험을 최소화하기 위해서는 윤리적 기준과 제도적 장치를 마련이 필수적이다.

DX와 AX로 재구성된 문화 예술 콘텐츠들은 단순히 순간적이거나 일시적인 전달로 끝나지 않으며, 영구적인 연결성과 확장 가능한 접근성을 기반으로 작동한다. 사용자는 이 환경에서 콘텐츠를 재조합하거나 재창조할 수 있으며, 이에 따라 자기 주도적인 창작 활동과 의사소통의 주체로 기능하게 된다. 또한 이들은 콘텐츠에 대한 사회적 평판을 수용하거나 거부할 수 있는 선택권을 지니며, 이로 인해 새로운 커뮤니케이션 흐름과 의미 생산이 가능해진다. 이러한 변화는 단순히 기술적 진보를 넘어, 사용자와 새로운 개념의 문화 예술의 상호작용으로 새로운 문화적 가치를 창출한다. 결국 모든 문화 예술의 DX와 AX는 더욱 열린 구조로, 역동적이고 통합적인 글로벌 문화 예술 환경을 구축하는 핵심적인 동력으로 자리매김하고 있다.

참고문헌

윤커뮤니케이션즈 디지털미디어랩(2024). 『DX 2024 디지털 대전환의 시대: 세상을 변화시키는 DX 플랫폼』. 연두에디션.

이보아(2023). 해외 예술계의 오픈 소스 활용 사례. ≪예술경영≫, 496.

한국지능정보사회진흥원(2024). 『디지털 대전환(DX · AX)과 '디지털 위험 관리'의 중요성』. 한국지능정보사회진흥원.

황희숙(2015). 행위자-연결망 이론(ANT)과 페미니즘의 동맹 가능성 – '테크노사이언스'의 행위자 개념을 중심으로. ≪한국여성철학≫, 23, 61-88쪽.

Haraway, Donna(2016). A *Cyborg Manifesto*. University of Minnesota Press.

ISEA(International Symposium on Electronic Art : 국제전자예술심포지엄). www.isea-international.org

Latour, Bruno(1987). *Science in Action: How to Follow Scientists and Engineers through Society*. Harvard University Press. 황희숙 옮김(2016). 『젊은 과학의 전선, 테크노사이언스와 행위자 – 연결망의 구축』. 아카넷.

Latour, Bruno(1991). *Nous n'avons jamais été modernes*. Editions La Découverte. 홍철기 옮김(2009). 『우리는 결코 근대인이었던 적이 없다』. 갈무리.

Rohn, Samantha(2025). AI Transformation: Use Cases, Adoption, & Value Realization. whatfix BLOG.

03
경계 넘어, 뮤지엄의 뮤지엄

“뮤지엄의 뮤지엄을 만들다”라는 목표 아래, 구글의 독보적인 기술력으로 개발된 아트 앤드 컬처는 전 세계 문화유산을 가상공간에 재현하며, 가상의 물질성을 현실에서의 생생한 경험과 공존하게 만들었다. 이제 누구나, 언제 어디서나 전 세계 문화 예술을 자유롭게 관람할 수 있게 되었다.

AI와 난임 극복?

문화 예술의 디지털 플랫폼: 구글의 아트 앤드 컬처

구글이 개발한 아트 앤드 컬처(Arts & Culture)는 전 세계 5만 여점 이상의 문화 예술과 유적지를 디지털로 구현해, 누구나, 언제 어디서나 별도의 비용 없이 감상할 수 있도록 제공한다. 이를 가능케 한 구글 아트 프로젝트(Google Art Project)의 시작과 목표는 단순했다. 바로 더 많은 사람들이 예술에 다가설 수 있도록 하는 것이다. 지구 곳곳의 뮤지엄과 유적지를 직접 방문하는 것은 대부분의 사람들에게 여전히 일상적으로 누리기 어려운 일이다. 그러나 인터넷과 스마트 기기만 있다면, 누구나 세계 유수의 문화 예술 콘텐츠에 접근할 수 있도록 하겠다는 이상을 구글의 기술력으로 실현해 냈다(Mediati, 2011). 이 프로젝트는 2011년 시작 당시, 뉴욕 현대미술관(MoMA), 런던 테이트 미술관(Tate) 등 9개국 17개 기관만이 참여해 큰 반향을 얻지 못했으나, 이후 협력 기관이 급속도로 확대되며, 현재는 80개국 3,000곳 이상의 문화 기관과의 협업으로 세계에서 가장 큰 규모의 디지털 시각 예술 플랫폼으로 자리 잡았다(최정은, 2019). 이 프로젝터의 총괄 디렉터인 아밋 수드(Amit Sood)는 "웹에서 뮤지엄들의 뮤지엄을 만들다"라며, "구글의 기술력으로 구현된 공유 문화로 보다 많은 사람이 문화 예술을 즐기기를 바란다"고 했다(Sood, 2011). 이는 웹 3.0 시대와 스마트 기기의 대중화를 바탕으로 초연결 사회의 흐름을 반영한 디지털 뮤지엄의 새로운 패러다임이라 할 수 있다.

실제 유명 뮤지엄을 방문하면 많은 관람 인파로 작품을 온전히 감상하기 어려운 경우가 많다. 더욱이 물리적 공간에 갇힌 제한된 지적 재산은 혼잡과 접근성 문제로 인해 그 가치를 모든 사람이 온전히 누리기 어렵다. 이러한 현실과 다르게 대중의 문화 예술에 대한 수요가 커지면서, 문화 예술은 '공유재'로 확장되어야 하며, 다양한 맥락 속에서 재해석되고 다수의 수용자와 소통할수록 그 가치가 더욱 높아진다(젠킨스, 2008). 이를 구현하기 위해 많은 뮤지엄과 문화 유적지에서 디지털 자료를 웹에 제공하게 되었다. 디지털 관람은 이제 단순히 보는 행위를 넘어, 멀고 가까움, 익숙함과 낯섦, 구상과 추상, 부분과 전체가 동시다발적으로 교차하는 감각적 경험이 된다. 문화 예술의 디지털 전환으로 관람자는 자신이 선택한 동선과 방식에 따라 작품을 호출하고 감상할 수 있는 새로운 권한을 갖게 되었으며, 이는 문화 소외 계층, 장애인, 거동이 불편한 이들에게도 문화를 향유할 수 있는 새로운 길을 제시한다. 가상 체험이 실제 감상의 경험을 완전히 대체할 수는 없지만, 가상공간에서의 감상은 또 다른 차원의 상상력의 확장을 가능케 하며, 예술의 새로운 진화 가능성을 보여준다.

현재 아트 앤드 컬처는 세계 각지의 문화 예술 기관과의 협력을 통해 독보적인 콘텐츠 플랫폼으로 자리매김했다. 아트 앤드 컬처에서는 물리적인 공간과 소장품 없이 다른 기관의 소장품을 재조합해 새로운 전시를 생성하고, 이를 모든 사용자에게 접근 가능하게 함으로써 초국가적이면서 동시에 새로운 형태의 로컬한 연결망을 형성했다(김수진, 2020). 이처럼 아트 앤드 컬처는 디지털로 전환된 전 세계 문화 예술 기관과의 네트워크를 기반으로, 하이퍼링크를 통한 감상 체계를 구축하고 있다. 이를 구현하기 위해 초고해상도의 기가픽셀(Gigapixel) 촬영을 통해 기존의 1메가픽셀 디지털 카메라보다 1,000배 이상의 정보를 담아내며, 이렇게 확대된 이미지에는 뮤지엄 현장에서 육안으로 관찰하기 어려운 작품의 붓질, 균열, 색감의 질감까지 포착된다. 고흐의 〈별이 빛나는 밤에〉(1889) 같은 소형 작품은 붓의 터치를 살피기 위해 가까이에서 보아도 어려운 부분을 볼 수 있다. 그러나 아트 앤드 컬처에서 제공하는 디지털 이미지는 최대

1,000배까지 확대해 표면의 재질과 텍스처, 작가의 붓터치와 물감의 균열까지 보여주어 작품이 제작된 시간의 흐름까지 느낄 수 있게 해준다. 이러한 초정밀 디지털 이미지 기술은 아직 다른 기관에서는 구현되지 않았으며, 아트 앤드 컬처는 이 기술을 매개로 각 기관의 문화자산을 보다 세밀하게 소개하는 데 협력하고 있다. 구글을 통한 이러한 개방성과 기술적 선도는 디지털 시대 뮤지엄 하이브리드화의 대표적인 사례로 볼 수 있다.

아트 앤드 컬처는 이제 단순한 디지털 아카이브를 넘어 AI를 활용한 사용자의 큐레이션 참여와 콘텐츠 재구성을 장려하는 플랫폼으로 진화하고 있다. 대표적으로 Art Palette는 색감 유사성을 기반으로 작품을 추천하며, Art Selfie는 AI가 자신의 얼굴 이미지를 분석해 유사한 고전 초상화나 전 세계 유명한 인물을 찾아준다. 또한 Art Transfer는 사용자의 사진을 명화의 화풍으로 변환하고, Blob Opera는 사용자의 조작만으로 AI가 오페라 음악을 생성하는 창작형 콘텐츠다. AR 기반의 Pocket Gallery는 공간 제약 없이 스마트 기기를 통해 전 세계 작품을 수집해 나만의 갤러리를 만들어 보고, AI 추천 시스템은 사용자의 검색 패턴을 분석해 개인화된 콘텐츠를 지속적으로 제공한다. 이처럼 아트 앤드 컬처는 사용자의 취향에 따라 감상, 해석, 창작의 전 과정을 하나의 흐름으로 통합한 혁신적인 뮤지엄 경험을 제시하고 있다.

구글 아트 앤드 컬처에 주목하는 이유는 이들의 고도화된 테크노사이언스가 문화 예술의 가치를 새롭게 조망하고 있기 때문이다. 이 프로젝트에는 동시대 기술 진보가 혁신으로 나아갈 때, 문화 예술이 어떻게 인간의 삶을 변화시킬 것인지 우선적으로 고려해야 한다는 인문주의적 발상이 숨어 있다. 물론 구글 북스, 구글 아트 프로젝트, 구글 라이브러리 등 무형의 문화를 디지털화하는 일련의 프로젝트들은 원작이 가진 오라를 인터넷 환경에서 재현할 수 없다는 한계를 분명히 인정한다. 그럼에도 불구하고, 테크노사이언스를 이용해 인류의 문화유산을 확장하고 전달하려는 시도는 글자와 지식을 확장시켰던 인쇄술의 혁명과 비슷한 부분이 있다. 문화 예술인들이 구글 아트 앤드 컬처의 미덕과 한계를 검토해야 하는 이유다(신민경, 2011). 아트 앤드 컬처가 제시하는 방향성은 경계를 넘어서는 뮤지엄의 무한한 가능성과 함께 앞으로의 문화 예술 환경이 어떻게 진화할 것인지에 대한 중요한 화두를 던져 준다. 디지털 전환에서 AI로 확장해 가는 세계 문화 예술에 테크노사이언스와 인문학이 조화롭게 결합된 뮤지엄을 기대하며, 문화 예술의 가치를 더욱 풍요롭게 누릴 수 있는 지속적인 논의와 성찰이 요구된다.

기술 권력의 확장과 견제

아트 앤드 컬처의 문화 예술 네트워크는 전 세계 문화 예술 데이터를 독보적으로 확보함으로써 디지털 뮤지엄 플랫폼의 권력을 형성해 가고 있다. 최근에는 AI 기술을 적극 활용해, 사용자의 선호도 분석, 콘텐츠 추천, 예술 작품의 자동 분류 및 시각적 스타일링 등에서 새로운 가능성을 열고 있다. 하지만 이와 같은 기술 기반의 자동화가 인간의 해석과 경험에 기반한 큐레이션의 깊이를 대체할 수 있는지에 대한 비판적 논의도 함께 제기되고 있다. 구글의 데이터 수집, 분류, 유통 과정에서 필연적으로 수반되는 기술 권력의 비대화와, 플랫폼 내부의 알고리즘이 데이터 편향에 의해 왜곡된 큐레이터로 작동하기도 한다. 아트 앤드 컬처의 영향력 확대와 그로 인한 관심 증대는 IT 거대 기업 구글이 문화 예술의 디지털 자료를 독점적으로 소유하고 관리하는 상황에 대한 비판을 불러일으켰다. 특히 아트 앤드 컬처는 자체 소장품 없이 제휴 기관의 콘텐츠 중심으로 구성되기 때문에, 작품 고유의 철학적 깊이나 감성적 경험이 희석될 수 있다. 디지털 콘텐츠는 작품의 본질을 단순화하거나, 시스템 내에서 정해진 한정된 결과만을 제공함으로써 감상의 다양성과 깊이를 제한할 수 있기 때문이다. 또한 특정 지역, 문화, 예술 사조가 상대적으로 과소평가되거나, 인기 기반의 알고리즘 구조가 감상의 다양성과 깊이를 저해할 수 있다는 우려도 제기된다. 구글의 목표는 "전 세계의 정보를 체계화하고, 누구나 쉽게 접근할 수 있게 하는 것"에 있지만, 이는 문화 예술 디지털 콘텐츠의 네트워크에 구글이 중심 권력으로 다가서고 있음을 시사한다. 아트 앤드 컬처를 통해 현실보다 더 실감 나는 방식으로 예술 작품을 경험할 수 있는 기회를 제공받을 수는 있으나, 만일 기술 보유 기업이 이 콘텐츠에 대한 통제력을 강화하게 된다면, 문화 예술의 자율성과 개인의 향유 다양성이 약화될 위험성도 내포하고 있다.

그럼에도 아트 앤드 컬처는 테크노사이언스와 문화 예술의 융합을 통해 미래 지향적인 뮤지엄의 새로운 가능성을 보여주고 있다. 뮤지엄의 물리적 공간 제약을 넘어서는 온라인 환경의 확장은 새로운 미디어 환경을 창출하며, 대중의 참여를 확대하는 동시에 하이브리드 시대에 부합하는 창의적인 문화 예술 담론을 형성한다. 특히 AI 기술은 초고해상도 이미지 재현, 인터랙티브 추천 알고리즘, 자동 큐레이션 도구 등의 형태로 플랫폼 운영의 효율성과 콘텐츠를 확장해 가고 있다. 이 같은 변화는 단지 기술의 발전과 활용을 넘어 사회적 기능과 문화적 구조를 재편하는 데 기여하게 된다. 물론, 디지털 기술과 인터넷 접속이 모든 사용자에게 동등하게 제공되는 것은 아니기에, 기술 접근성의 불균형이나 정보 격차에 대한 문제는 여전히 존재한다. 누구에게나 예술 작품 감상이 가능하도록 구현하기 위한 구글의 목표는 디지털 격차, 사회, 경제적 불평등 같은 구조적 문제 해결을 위해 더 정교한 테크노사이언스, 사회적 지원 시스템, 그리고 개방적 커뮤니케이션 환경의 구축이 병행되어야 할 것이다.

아트 앤드 컬처는 전 세계 많은 사용자들을 동원해 가고 있지만, 이들의 참여로 생성된 콘텐츠가 새로운 예술 창작의 커뮤니케이션을 형성하기보다는 서비스 제공 기업의 수익 창출 구조로 편입될 가능성도 존재한다. 극소수의 기업과 파트너들이 주도하는 미디어 자산 네트워크는 문화 및 제도 환경 속에서 네트워크 구축 권력 중심에 다가서게 된다(Castells, 2009). 이러한 상황에서 우리는 아트 앤드 컬처가 단지 콘텐츠를 제공하는 플랫폼에

머물지 않고, 사용자가 어떤 방식으로 커뮤니케이션을 형성하며, 나아가 새로운 감각과 사유 체계를 어떻게 경험하는지에 대한 성찰이 필요하다. 구글 같은 대기업의 커뮤니케이션 네트워크가 확장될수록, 제공되는 콘텐츠에 대한 사용자의 '비판적 수용'과 '창조적 사유 체계'가 중요해지게 되는 것이다. 특정 기업의 플랫폼을 활용하는 과정에서 생성되는 사용자 데이터는 개인의 정서와 취향, 사회적 관계를 분석하는 기반이 되며, 이는 플랫폼 자본주의 체제 하에서 다중의 데이터를 활용하기 위한 구조가 되기도 한다. 결국 아트 앤드 컬처는 자사의 기술력, 네트워크, 데이터 독점적 위치를 넘어, 사용자들이 만들어 내는 데이터를 공동의 자산으로 되돌려주는 네트워크 구성원들과의 공생공락의 가치를 확산해야 할 것이다.

참고문헌

구글 한국 블로그(2020.12.11). 구글 아트 앤 컬처를 돌아보며. https://blog.google/intl/ko-kr

김수진(2020). 행위자네트워크 이론으로 살펴보는 박물관학: 뮤지엄을 둘러싼 인간/비인간 행위자의 끊임없는 번역. ≪박물관학보≫, 39, 263-296쪽.

신민경(2011). 예술 접근성 확대? 큐레이터십 훼손? 구글 아트프로젝터에 대한 논의. ≪예술경영≫.
최정은(2019). 디지털시대의 문화 예술 콘텐츠 플랫폼에 관한 연구 - 구글아트 앤드 컬처를 중심으로. ≪기초조형학연구≫, 20(3), 433-446쪽.
Castells, Manuel(2009). *Communication Power*. OXFORD University Press.
Google Arts&Culture. https://artsandculture.google.com
Jenkins, Henry(2006). *Convergence Culture: Where Old and New Media Collide*. New York University Press. 김정희 · 김동신 옮김(2008). 『컨버전스 컬처-올드미디어와 뉴미디어의 충돌』. 비긴앤비즈. 2008.
Mediati, Nick(2011.2.11). 가상 미술관 투어 구글 아트 프로젝트 개발자 일문일답. 아트프로젝터 개발 참가자 부사장 제이슨 브러시 인터뷰. ITWORLD.
Sood, Amit(2011.3). 웹에서 박물관 만들기. https://www.ted.com/talks/amit_sood_every_piece_of_art_you_ve_ever_wanted_to_see_up_close_and_searchable

04
AI와 알고리즘의 작품 생성

AI와 알고리즘이 예술에 적극적으로 도입되면서 작품은 제작에서 디지털 생성으로 전환되고 있다. AI로 생성된 작품이 아트 페어에서 수상하거나, GAN 알고리즘을 활용한 작품도 예술품 거래소에서 낙찰로 이어지면서 예술의 창작 주체성과 작품 고유성에 대한 논쟁은 계속 이어지고 있다.

AI와 사주?

작품의 제작에서 디지털 생성으로 전환: GAN 알고리즘, 미드저니

이미 예술로 들어온 AI는 예술 창작의 방법론에 화두가 되어 예술이 무엇인지에 대한 근본적 물음을 제기하고 있다. AI는 이제 단순한 도구적 역할을 넘어, 예술 창작의 중요한 주체로서 인식되어, 인간과 컴퓨터 기술의 공동 창작이라는 새로운 예술 개념을 만들고 있다. AI는 인간에게 작용해서 인간의 행위를 바꾸는 것을 가능하게 하며, 행위성(agency)을 가진 행위자가 되었다. 이런 행위성은 AI에만 해당하는 것은 아니다. 과거 목수가 사용하는 망치에서부터 공장의 기계는 물론, 컴퓨터, AI, 로봇 같은 첨단 기술에 이르기까지 모든 기술적 존재는 행위성을 가지고 있다. 이런 행위성은 인간과 기술 사이에서 발현되는 관계적 행위성이다. 최근 발전된 로봇이나 AI에만 행위성, 자율성을 부여하려는 철학자는 대상의 본질적 차이보다 이런 대상이 무엇과 연결되어 있는가에 주목한다. 솜씨 좋은 장인의 손에 들린 도구는 멋진 장식품을 만들어 내지만, 보통 사람의 손에 들린 도구는 못을 박는 정도로만 사용된다. 이는 최첨단 기술인 AI도 마찬가지다(홍성욱, 2023). 예술 작품은 늘 도구와 기술을 사용해 왔다. 동굴 벽화의 흙 물감, 캔버스의 유화 물감, 그리고 카메라와 사진을 발견한 20세기부터 우리 주변의 모든 오브제가 예술의 매체로 활용되었다. 이제 디지털 시대의 예술은 컴퓨터 프로그램과 각종 디지털 장비를 도구로 사용해 모두 예술 행위자가 되었다. 예술은 수많은 유무형의 질료, 매체, 디지털, 컴퓨터 프로그램과의 결합으로 변화해 왔고, 이제 예술의 빅데이터를 활용한 AI와 알고리즘 도구를 사용해 전통 방식의 작품 제작에서 디지털 이미지 생성으로 전환하게 되었다.

2016년, 마이크로소프트와 렘브란트 미술관, 네덜란드 델프트 공대가 협업한 'The Next Rembrandt' 프로젝트는 렘브란트가 살아 있었다면 직접 그렸을 법한 그림들을 만들어 냈다. AI는 렘브란트 화풍의 그림 346점을 딥 러닝 기술로 분석하고, 렘브란트 그림의 특징들을 세밀하게 추출해 내어 새로운 작품을 탄생시켰다. 렘브란트 전문가들도 이 그림을 렘브란트의 그림이라고 인정할 정도로 이 프로젝트는 대성공을 거두었다(임예솔, 2023). 이 프로젝트는 150기가바이트의 데이터 자료를 딥 러닝 방식으로 2년에 걸쳐 분석해 렘브란트와 완전히 똑같은 화풍의 그림을 생성하게 된 것이다. 이것은 AI가 기존 데이터를 처리해 모방만 하는 것이 아니라 새로운 것을 생성해 낼 수도 있음을 보여 주었다(김선규, 2020).

이 AI 프로그램은 예술가의 미학적 원리와 창작 정신까지 학습하며 작가 스타일의 새로운 작품을 창출할 수 있음을 보여 주었다. 'The Next Rembrandt'는 인간의 협력자인 AI가 유명 예술가가 남긴 작품에 새로운 생명을 불어넣는 방식을 제시해, AI가 예술 창작의 주체이자 생성형의 예술 작품으로 인정받는 것을 상징적으로 보여주었다.

〈에드몽 드 벨라미(Edmond de Belamy)〉는 2018년 프랑스 예술집단 오비어스(Obvious)가 GAN(Generative Adversarial Network. 생성적 적대 신경망) 알고리즘을 사용해 제작한 초상화 작품이다. GAN은 최근 창작 분야에서 인기 있는 신경망 알고리즘으로, 수천 장의 고전 초상화 데이터를 학습한 후, 이를 바탕으로 새로운 이미지를 생성한다. 작품 하단에는 GAN 알고리즘의 수식이 포함되어, AI가 작품을 창조했음을 강조한다. 이 작품은 11개로 구성된 가상의 벨라미 가족 연작 가운데 하나로, 서명도 이미지를 만든 알고리즘으로 생성했다. AI가 제작한 이 남성 초상화는 흐릿하고 완성되지 않은 이미지로 묘사해 19세기 인상주의 초상화와 비슷해 보이지만, 얼굴 윤곽이 흐릿하고 미완성의 느낌을 준다. 그럼에도 작품은 크리스티 경매에서 약 43만 달러에 낙찰되었다. AI가 생성한 예술 작품이 상업적 가치를 인정받은 첫 사례로 기록되며 예술계의 큰 반향을 일으켰다.

제이슨 앨런(Jason M. Allen)은 2022년 콜로라도 주립 아트페어 디지털 아트 부문에 출품한 〈스페이스 오페라 극장(Théâtre D'opéra Spatial)〉으로 우승을 차지한 예술가다. 그는 출품한 작품이 생성형 AI 미드저니(Midjourney) 프로그램을 사용해 생성한 것임을 밝혔다(Roose, 2022). 미드저니는 AI 기반 텍스트-이미지 생성 시스템으로, 사용자가 입력한 자연어 설명을 바탕으로 한 이미지 생성 모델이다. 미드저니는 예술적 표현력과 스타일의 다양성이 뛰어나 디지털 아트, 디자인, 콘텐츠 제작 등 다양한 분야에 활용되며, 사용자의 창의적 아이디어를 시각적으로 구현하는 데 강력한 도구로 평가받으면서, 유료 구독 앱임에도 불구하고 사용자가 2천만여 명에 이를 정도로 인기를 얻고 있다. 앨런은 AI가 단순히 현실을 모방하는 이미지를 생성하는 것이 아니라, 오페라 극장을 배경으로 한 우주적 풍경을 표현하기 위해 사용자의 창의적 의도와 AI의 기술적 구현을 수차례 결합해 작품을 생성해 냈다고 했다.

결국 앨런은 이 작품으로 논란의 중심에 놓이게 되며, AI가 인간을 넘어서 예술 창작의 주체로서 사회적, 문화적 인정을 받을 수 있는가에 대한 논의를 촉발하는 계기가 되었다(홍성욱, 2023). 앨런은 미드저니에 입력한 프롬프트(장면 조정, 톤 설정 등)가 인간의 창의성의 산물이며, 자신의 작품에 대한 저작권 보호를 위해 저작권 등록 신청을 했으나, 미국 저작권청에서는 "작품에 포함된 AI 생성 콘텐츠가 인간 저작 요건을 충족하지 않으며, 작가가 이를 제외(disclaim)하지 않으려 했기 때문"에 저작권 등록 거부 판결을 내렸다(U.S. Copyright Office Review Board, 2023). 이 논쟁의 핵심에는 기술과 인간의 협업이라는 본질적인 질문이 자리 잡고 있다. AI가 만든 예술은 인간의 창의적 기획과 상상력이 협업한 결과물로, 이를 구현하기 위해 활용된 AI 프로그램에 자연어로 서술한 명령어인 프롬프트(Prompt)가 도구가 된 것이다. 프롬프트는 사용자가 원하는 장면, 스타일, 구성 요소 등을 생성하기 위해 마치 화가에게 주제를 설명하거나 구체적인 요구 사항을 전달하듯 사용자가 AI와 소통하는 것으로, AI 프로그램 활용에 가장 중요한 수단이다. 프롬프트가 구체적이고 명확할수록 AI는 사용자의 의도를 더 잘 이해하고, 기대에 부합하는 결과를 생성할 가능성이 높아진다. 따라서 기술을 활용한 창작은 단순한 기계적 산출물이 아닌 여전히 인간의 독창성과 창의적 사고에 기반한 것이고, 기술은 이를 증폭시키는 수단인 것이다.

창작 주체의 연대

빌렘 플루서(Vilém Flusser)는 현대 세계를 "입자들로 분해된 추상적이고 텅 빈 부조리한 세계"로 진단하며, 이를 극복하기 위한 인간의 시도를 기술 이미지에서 찾는다. 그는 "미래에는 컴퓨터 이미지를 통해 우리는 다시 구체적 경험, 인식, 가치 그리고 행위로 복귀할 수 있으며, 추상의 세계에서 벗어날 수 있다"고 말한다(박상우, 2021). 이러한 기술 이미지는 인간이 흩어진 입자들을 표면 위에 통합하려는 의도적 시도로 등장한 것이며, 추상적 세계를 다시 경험 가능한 세계로 전환하는 역할을 한다. AI 시대에 예술 작품 생성에 필요한 것은 기술에 대한 공포가 아닌 기술을 포함한 비인간과 함께 세계 만들기를 위한 준비인 것이다(김남옥, 2022). 인간과 비인간, 사회와 자연을 이루는 여러 현상들과 그것들에 연관된 요소들의 관계망은 항상 요동치고 서로 얽혀 있다. 이들의 관계망은 융합 과정을 통해서 그 혼종성이 드러나며 서로가 서로에게 끊임없는 영향을 언제나 주고받는, 변화무쌍하고 역동적인 것으로 새롭게 이해된다(민수홍, 2019). AI는 하나의 수동적인 대상이 아니라, 그 자체가 인간과 비인간의 네트워크가 응축된 것이면서, 동시에 인간과 비인간이 연결되어 자신의 네트워크를 넓힌다. AI는 기존 예술에 도구이자 참신한 아이디어를 제공하고, 새로운 인간 행위자와 결합해서 소위 'AI 아트'라고 불리는 틈새 예술 영역을 만들고 있다. AI는 창작을 하는 것인가, AI는 예술가에게 혜택인가 위협인가 같은 질문에 대해 하나의 답을 찾는 것이 큰 의미가 없음을 알 수 있다(홍성욱, 2023). AI 작품에 대한 갑론을박에 명쾌한 결론은 중요하지 않다. AI로 생성된 예술로 인해 예술이란 무엇이고, 예술의 주체는 누구인가, 라는 본질적인 질문 속에 예술, 인간, 기술을 둘러싼 성찰이 필요한 시기다. 오늘날의 예술은 지능적으로 발전해 가는 기술과 함께 협력자이자 때로는 독립적인 창작자로 기능하는 인간-비인간이 함께 상호관계적으로 창작의 틀을 깨고 우리의 사고와 문화를 넓혀 가는 중이다.

AI 예술은 아직 이론화된 예술이 아니며, 팝아트 같은 친숙한 일상의 미적 경험에 더욱 어울린다. AI 예술에는 작가가 물질로 제작한 것이 아닌 프롬프트에 의한 디지털 이미지 생성물로, 이전 예술 작품과 다른 철학적 의미를 지닐 수 있으나, 작가의 육체적 노동과 정서적 교감의 흔적이 결여되어 있다고 느낄 수 있어 고유한 작품의 오라와 감정적 울림을 온전히 전달하기 어렵다는 한계도 분명히 존재한다. 특히 AI를 활용해 생성된 예술에 대한 비판적 관점으로는 데이터를 조합하고 빠르게 처리할 뿐 창의성을 발휘할 수 없다는 주장이 있다. 의도를 가진 작가가 없기에 AI가 만든 것은 제작일 뿐 예술 작품이 아니라는 것이다. AI 활용은 그것이 기술이든 예술이든 데이터 처리임은 분명하다. AI는 기존의 것을 모방하고 조합함으로써 새로운 것은 만들어 낼 수 있으나, 데이터 처리 과정에서 인간적인 창의성 내지 직관은 발휘될 수 없는 이유다(김선규, 2020). 컴퓨터 그림, 기하학적 구조, 대수학적 방정식들, 미학적 범주들은 새로운 디지털 의식의 탄생으로, 그것은 개념적인 사고 '아래' 있지 않고, 그 사고 '위에' 있는 다른 차원의 새로운 상상의 세계다. 상상적인 방식으로 존재하게 만들기 때문에 전통적인 존재론의 전체를 무너뜨리고, 과학과 예술의 구분 역시 무너뜨린다. 완전히 새로운 상상의 출현이자 디지털 예술에 대한 비판적 사고를 뒤집는 혁명적인 사고방식이다(플루서, 2004). 기존의 예술 철학은 예술을 심미적 경험의 대상으로 받아들이면서 지성화된 예술 이해로 '대상성'을 '예술 경험'보다 우위에 놓은 사고를 바탕으로 했다. 이제 기술이 선도하는 시대 변화에 맞추어 예술 철학에 대한 견해도 변해야 하며, 예술의 제작 방식과 다양한 층의 경험을 포함해 이전에 없던 형태의 예술과 창작을 수용해야 할 것이다. 작품 생성에 개인이 사용하는 기술적 진보는 시각적 요소와 즉각적 감각의 만족으로 점차 대중의 피상성을 예찬해 가며, 예술적 표현의 변화를 반영하는 데 중요한 기반이 된다. 우리는 무의미한 것에 의미를 부여하는 예술의 피상성 예찬을 수용해야 하며, 이를 구현하는 디지털과 AI 도구의 활용은 거스를 수 없는 AI 시대 상상력의 기반이다. 이질적 개체들의 융합은 같게 만듦과 동시에 새로운 차이를 만들어 내는 과정으로, 이것은 새로운 질서를 만들어 내는 과정이다. 예술은 늘 새로움을 추구하고 혁신을 거듭하며, 앞으로도 기술과의 융합을 통해 끊임없이 변화하고 확장될 것이다. 이는 기술을 통한 예술의 경계를 허물며 인간의 감각과 사고를 자극하는 새로운 창작 주체의 연대로, 예술가뿐만 아니라 대중의 역할과 경험 또한 지속적으로 재정의될 것이다. 결국, 예술의 본질은 창조와 도전이며, 우리는 그 낯선 변화와의 마주침을 통해 미학적 가능성의 지평을 넓혀 나가게 될 것이다.

이러한 예술 개념의 변화를 반영하기 위해 뮤지엄은

새롭게 등장한 창작 방식과 매체를 대중에게 소개하며, 새로운 시각적, 감각적 경험으로 사고 영역 확대의 기회를 제공할 필요가 있다. 또한 AI 예술이 불러오는 윤리적, 철학적, 사회적 이슈들에 대한 공감과 활발한 논의를 촉진하며, 다양한 주체들이 참여하는 공론화를 통해, 새롭게 등장한 예술에 대한 성찰과 재조명하는 역할을 수행해 가야 할 것이다.

참고문헌

김남옥(2022). 탈사회적(Postsocial) 전환과 예술: 인공지능 예술을 중심으로. ≪사회와이론≫, 42, 41-86쪽.

김선규(2020). 프래그머티즘과 인공지능 시대의 예술경험 - 인공지능 시대, 예술의 종말과 미정 경험의 반복. ≪철학탐구≫, 59, 175-211쪽.

민수홍(2019). 사물의 문화, 디자인, 그리고 과학/기술의 상호구성성 이해 - 행위자네트워크이론의 이해를 중심으로. ≪한국기초조형학회≫, 20(1), 173-187쪽.

박상우(2021). 기술이미지, 디지털사유, 디지털 패러다임_빌렘플루서의 미디어 철학을 중심으로. ≪미학≫, 87(1), 35-69쪽.

임예솔(2023.12.16). 포스트 휴먼 시대에 지켜야 할 인간적 가치는 무엇일까?. ≪아트인사이드≫.

홍성욱 · 조은서(2023). 이미지 생성 인공지능의 도전과 문제들 - 과학기술학의 행위자 네트워크 이론의 관점에서. ≪사회와이론≫, 46, 7-51쪽.

Allen, Jason M.
https://www.jasonmallen.com/space-opera-theater
Flusser, Vilém(1993). Lob der oberflachlichkeit: Fur eine phanomenologie der medien. Bollmann Verlag. 김성재 옮김(2004). 『피상성 예찬 - 매체 현상학을 위해』. 커뮤니케이션북스.
Midjourney. https://www.midjourney.com
Obvious. https://obvious-art.com
Aguero, Dora(2024). From mind to image: Obvious's breakthrough in AI art. americascollection, https://americascollection.com/news/from-mind-to-image-obviouss-breakthrough-in-ai-art/
Roose, Kevin(2022.9.2). An A.I. - Generated picture won an art Prize. Artists aren't happy. *The New York Times.*
The Next Rembrandt.
https://www.youtube.com/watch?v=IuygOYZ1Ngo&t=44s
U.S. Copyright Office Review Board(2023). Second request for reconsideration for refusal to register Theatre D'opera Spatial. United States Copyright Office, https://www.nytimes.com/2022/09/02/technology/ai-artificial-intelligence-artists.html
VLM. https://www.vml.com/work/next-rembrandt

05
NFT 예술 플랫폼과 컬렉션

NFT 예술은 블록체인 기반 디지털 자산의 고유성과 희소성을 보장하며, 작품 소유 가치의 새로운 형태를 제시했다. 예술 생태계의 변화를 견인하고 있는 NFT 작품은 계급적 위계를 탈피해 개인 창작의 확장과 집단 연대를 통해 의미 자산으로 정착해 가고 있다.

AI와 아이돌?

NFT 작품과 소유 방식의 변화: OpenSea, BAYC, CryptoPunks

2021년 3월 크리스티 경매에서 비플(Beeple)의 〈Everydays: The First 5000 Days〉 NFT 작품이 700억 원이 넘는 가격에 낙찰되면서 NFT 예술에 대한 관심이 급증했다. 당시 비플의 작품은 현존 작가의 작품 중 세 번째 높은 가격으로 낙찰되면서, 예술계뿐만 아니라 사회 전체에 걸쳐 큰 반향을 일으켰다. 일부에서는 NFT가 새로운 예술과 경제 생태계를 만들고 있으며, 급부상하고 있는 NFT라는 기회에 동참해야 한다고 주장했다. 그러나 다른 한편에서는 NFT가 일시적인 현상에 불과하며 과열된 시장의 거품이 곧 사라질 것이라는 우려도 나타났다(김보름, 2022). 이러한 논쟁 속에서도 NFT 예술은 사회적 관심과 논쟁을 거듭하며 정착해 가고 있다.

세계 최초이자 최대의 종합 NFT 마켓 플레이스인 오픈시(OpenSea)는 2017년 등장한 이더리움 기반 〈크립토키티(CryptoKitties)〉 게임의 성공에 영감을 받아, 블록체인상의 디지털 자산을 자유롭게 거래할 수 있는 플랫폼의 필요성을 깨닫고 핀저(Finzer)와 아탈라(Atallah)가 창립했다. 오픈시는 NFT 이동 추적이 가능하며, 모든 거래는 암호 화폐로 이루어져, 예술의 다양한 분야인 사진, 음악, 게임 등을 암호화된 블록체인 기반으로 거래한다. 이 플랫폼에서 거래하는 작가는 자신이 가격과 경매 방식을 정할 수 있고, 작품이 재판매될 때마다 특정 비율의 수익을 가져가게 된다(Kauflin, 2021). NFT 시장의 급격한 변화와 함께하는 오픈시는 폭발적 성장 이후 지난 몇 년간 경쟁과 침체를 겪으면서도 사회적 관심을 가지며 예술 생태계의 새로운 방향성을 보여주고 있다.

오픈시의 운영 기간 동안 1위로 거래된 BAYC(Bored Ape Yacht Club)는 2021년 유가랩스(Yuga Labs)가 출시한 NFT 컬렉션으로 활발한 커뮤니티 활동과 함께, 무엇보다 전 세계 기업가, 연예인, 스포츠 스타 등 유명 인사들의 지지 속에 큰 인기를 모으며 수십만에 달하는 작품 거래와 팬덤까지 형성하게 되었다. 각기 다른 콘셉트의 원숭이를 닮은 캐릭터는 발행 직후 큰 인기로 최초 발행가 기준 1200배가 상승하기도 했다(노윤주, 2022). 특히 BAYC는 전 세계에서 열성적인 커뮤니티를 단기간에 구축했는데, 이들의 성공 비결로는 배타적 접근 권한과 IP의 상업적 권리 오픈을 전략으로 본다(이장우, 2022). 유가랩스 대표는 BAYC 성공 요인이 커뮤니티가 공감할 메시지 전달에 있으며, 변화하는 암호 화폐 산업에 창의성의 레이어를 더하고, 커뮤니티가 생태계를 구축할 수 있도록 도구를 제공한 것이라고 했다(허우녕, 2022). 이들이 운영하는 클럽 네트워크는 오프라인 모임으로도 이어져 BAYC의 NFT 보유자만이 참여할 수 있는 파티를 주기적으로 개최하며, 그들의 커뮤니티에 명성을 이어가게 되었다. 하지만 2021년 개최된 파티에서는 이들의 커뮤니티에 소속된 대상자에 한해 1천 명만이 참석 가능한 화려한 요트 파티로 이어져 비판을 받기도 했다(이장우, 2022). BAYC의 작품을 둘러싼 이러한 현상은 디지털 자산을 넘어, 커뮤니티 중심의 집단 참여 문화와 브랜드 정체성을 구축하며 NFT 예술의 사회적 파급력을 입증한 사례다. 이는 NFT 작품이 소유를 넘어, 사회적 연결망과 상징 자본을 생성하는 새로운 문화 현상으로 보여진다. 특히 BAYC가 추구하는 DAO(Decentralized Autonomous Organization: 탈중앙화 자율 조직)는 탈중앙화를 지향한 자율적인 운영을 목표로 하는 조직 형태로, 취향이 같은 참여자들이 제안하고, 투표하고, 합의에 따라 결정을 내리게 된다. 작품의 소유자들은 각자의 소유권에 따라 의사 결정에 참여할 수 있으며, 이를 통해 권력이 특정 개인이나 소수에게 집중되지 않고 분산되고 공개적이 된다. 이들의 권력 관계는 가능한 민주적 참여와 소통 감정을 지향해 전통적인 조직 모델과 차별성을 주지만, 일부 인위적인 커뮤니티 형성에 대해서는 비판도 제기되고 있다.

또 다른 사례로 크립토펑크(CryptoPunks)의 작품은 2017년 라바 랩스(Larva Labs)에서 펑키즘(Funkism)이라는 사조로 명명하면서, 단순한 투자목적의 예술 장르가 아니라 예술 감상의 새로운 형태를 제안했다. 이들의 작품은 NFT 개념이 막 생겨났을 때 시작되었다. 작품은 24×24 픽셀 사이즈로 1만 개의 각 고유한 픽셀 이미지는 이더리움 블록체인상에서 소유권을 증명할 수 있는 NFT로 발행되며, NFT 예술 시장에 반향을 일으키며 상징적인 존재가 되었다. COVID Alien으로 알려진 〈크립토펑크 #7523〉은 의료 마스크를 착용해 코로나 팬더믹의 문화적 맥락으로 NFT 가치를 높여주어 소더비에서 1180만 달러(약 172억 원)에 낙찰되기도 했다(정윤영, 2021). 2022년, 크립토펑크의 IP는 유가랩스에 인수되었으며, 이후 모든 소유자들에게 상업적 활용 권리를 부여함으로써 보다 개방적인 창작과 2차 생산을 유도하는 방향으로 전환되었다. 이는 크립토펑크가 단순한 투자 자산을 넘어 개인 창작자 중심 생태계로의 진화를 시도했다는 점에서 중요한 전환점으로 평가된다.

크립토펑크 작품의 소유자들은 NFT 컬렉터로서 디지

털 예술의 투자자로 인정받으며, 이들의 작품을 통해 소설, 영화, 라이선싱 상품 등으로 활용해 재창조와 상업성을 확대해 가고 있다. BAYC 작품의 소유자들은 DAO에서 블록체인상 특정 프로젝트를 운영하거나 자산을 관리하는 방식으로, 이들만의 막강한 네트워크를 계속 이어가고 있다. 그러나 BAYC의 강력한 커뮤니티 구성 권력에 비판적 시각으로 대항하거나 전향해, 새로운 NFT 작품을 발행하는 예술가 집단도 늘어났다. 하지만 2022년 이후부터 NFT 작품은 비트코인과 NFT 시장의 하락으로 거래 규모 급감과 지적재산권 침해, 표절 혐의와 막강했던 그들의 리그인 커뮤니티 고소 문제 등으로 작품 가격 하락과 판매량이 대폭 줄어들었다(노윤주, 2022).

이러한 NFT 기술은 예술 시장의 개척뿐만 아니라 뮤지엄에도 도입되어 전시와 소장품의 새로운 가능성을 탐색해 가고 있다. NFT 데이터 조사 업체 논펀저블(NonFungible)은 "NFT를 통해 뮤지엄은 예술 작품 보존과 기관 운영에 사용되는 자금을 조달할 수 있고, 컬렉터들에게는 역사적인 문화 예술품을 소유할 수 있는 좋은 기회를 제공한다"고 한다(이승민, 2021). 대영박물관은 "뮤지엄은 계속해서 새로운 시장에 적응해야 한다"며, "전통적인 방식 이외에도 뮤지엄이 사람들에게 다가갈

수 있는 새로운 활로를 찾는 것은 중요하다"고 했다(Monday Museum, 2022). NFT를 뮤지엄에서 가장 많이 활용하는 사례로는 소장품을 디지털화해 오픈시 같은 블록체인 기반 거래소에서 가상 자산으로 거래하는 프로젝트를 들 수 있다. 이러한 프로젝트는 NFT를 뮤지엄의 재원 조성 수단으로 활용하는 것을 목적으로 한다. 뮤지엄에서 재원 조성 목적으로 소장품을 판매하는 경우는 매우 드물다. 하지만 소장품을 NFT로 전환한다 하더라도 아날로그 상태의 원본 자체에는 전혀 영향이 없다는 장점으로 인해 세계 유수의 뮤지엄들이 소장품을 NFT로 전환하며 판매에 나서고 있다.

2021년 9월 대영박물관은 프랑스의 NFT 스타트업 라콜렉시옹(LaCollection)과 협업해, 2022년 2월 크리스티의 이사회 의장이 기증한 터너의 수채화 50점 중 20개의 작품에 에디션을 부여해 NFT로 판매했다. 이 작품은 대영박물관에서도 각각의 에디션을 하나씩 보관하고 있으며, 작품이 재판매될 때마다 10%의 수수료가 박물관에 기부되는 시스템을 적용하고 있다(김보름, 2022). 마이애미 현대미술관(ICA Miami)은 NFT 작품 〈크립토펑크 #5293〉을 기증받아 전시했고, 에르미타주 뮤지엄은 천상의 에테르(The Ethereal Aether)라는 이름의 NFT 전시 공간을 메타버스 플랫폼 스페이셜(Spacial)에 조성했다. 또한 NFT는 소장품을 단순히 NFT로 전환해 판매하는 것에서 나아가 고해상도의 디지털 작품을 함께 제작해 오프라인에서도 감상할 수 있도록 하는 사례도 등장했다. 유닛 런던 갤러리(Unit London Gallery)는 피렌체의 우피치 미술관 등 이탈리아의 4개 주요 뮤지엄 소장품을 NFT로 발행하고, 오프라인에서도 감상할 수 있도록 디지털 작품으로 제작했다. Eternalising Art History 프로젝트로 다빈치, 카라바조, 모딜리아니 등의 작품 6점을 NFT로 발행하고, 동시에 원본 크기의 디지털 작품 9개 에디션을 수공예로 제작한 프레임에 넣어 전시와 판매를 한 것이다(김보름, 2022). 그러나 NFT와 연계한 소장품의 디지털화는 단순한 디지털 복제품에 불과하다는 논란이 여전히 남아 있다. 예술 작품의 본질적 가치가 아티스트의 독창성과 창작성에 기인하는 것이라고 본다면, 뮤지엄 소장품을 디지털로 복제한 것을 NFT로 발행하는 것은 복제 작품에 예술적이고 문화적인 타당성을 부여함으로써, 진품과 가품의 경계를 더 모호하게 만들고 있는 것이 아닌가 하는 의문이 생길 수 있다. 이러한 뮤지엄의 변화는 예술 작품 형태의 변화에 부응하는 것이지만, 예술과 작품에 대한 개인과 집단의 취향에 대해 새로운 문화적 의미와 역할을 재정의해야 하는 사회적 전환점에 서 있음을 시사한다.

NFT 예술의 개인 창작과 집단 연대

NFT 작품은 디지털 파일에 대한 '희소성'과 '소유권의 가치'를 부여했다는 점에서 의미가 크다. 2021년 들어 NFT 시장의 과열에 대한 우려에도 불구하고 예술품, 수집품, 게임 등 희소성 높은 디지털 자산을 중심으로 거래가 활발해졌다. 그러나 디지털 아이템에 새로운 가치를 부여해 자산의 가능성을 보여준 NFT의 급성장과 침체의 과정에서 여전히 해결해야 할 기술 한계와 법제도적 이슈, 기존 자산들과의 충돌 등 다양한 문제에 직면하고 있다(이승민, 2021). NFT 작품 제작에 기술력이 높아지고 누구나 제작이 가능하여, 많은 예술가와 개인의 적극적인 참여가 이루어지고 있다. 뮤지엄에서는 NFT 작품으로 기관 운영 자금 조달을 돕고, 많은 사람들에게 유명 작품에 대한 소유의 기회를 창출한다는 점에서 NFT를 예술의 또 다른 활로로 택하게 되었다. 특히 개인의 NFT 작품 발행과 거래, 소유의 확장은 문화 자본과 문화 계급의 구조를 재구성하고, 더 다양한 계층과 광범위한 청중을 끌어들이게 되었다. 대중에게 NFT 작품은 예술의 의미와 용도에 전환을 가져오며, 구입한 작품은 SNS 프로필로 사용한다거나 투자 목적으로도 많은 인기를 얻게 되었다. 예술의 경제적 가치가 예술의 가치로 환원되는 것은 아니지만, 새롭게 등장한 NFT 작품은 현대 예술의 가치에 중요한 부분을 담당하게 되었다. 창작 결과와 사회문화적 상황, 유통 과정, 소유 방식 등 NFT 작품을 둘러싼 예술적, 경제적 가치를 형성하고, 시장 확대에 주요하게 작용해 가고 있는 것이다(천미림 외, 2022). 최근 NFT 작품의 가격, 거래 방식에 논란이 증가하고 있지만, NFT 아트는 탈중앙화된 심미적 공동체가 일상적 의미의 경험을 담은 디지털 작품에 새로운 형태의 오라를 부여하기도 한다(박대민, 2021). 이러한 NFT 예술은 개인들의 창작과 소비가 상호 연결되고, 집단 지성으로 이어지며, 예술 향유와 소유의 방식을 공동체로 재편하기도 한다.

공동체가 유지되기 위해서는 공동체가 무한 공급하는 에너지를 개인들이 흡수해야 하며, 그로부터 에너지를 얻어 가는 개인들은 자신들이 소속된 공동체를 숭배한다. 개인의 체험은 공동체의 연대와 열광을 통해 극대화되고 지속되는 것이다(유승호, 2018). 팬 커뮤니티의 정치적 영향은 단순히 새로운 생각의 생산과 소통을 통해서만이 아니라, 새로운 사회적 구조인 집단 지성과 문화적 생산의 새로운 모델인 참여 문화에 대한 접근을 통해 나타난다(젠킨스, 2008). BAYC와 크립토펑크의 커뮤니티는 이들의 작품을 공동으로 소유했다는 유대감을 통해 팬덤 형성이 강화되고, 권력 관계를 확장했다. NFT 커뮤니티는 작품을 기반으로 공유된 상징과 가치, 경험을 통해 자율적인 규범을 형성한다. 팬덤과 소유의 결합은 커뮤니티의 결속력을 강화하고, 참여자들은 이를 통해 자신의 정체성과 상징 자본을 축적하는 과정을 경험하게 된다. 새롭게 등장한 NFT 예술을 둘러싼 커뮤니티는 집단적 경험과 개인의 정서적 유대를 통해 새로운 문화적 집단연대를 만들어 가고 있다. 반면 이들의 커뮤니티는 일부 회원에게만 주어질 수 있도록 권력 행사를 했지만, 온라인의 활성화와 개인 참여의 증가로 결국 권력은 다수에게 분산되었다. 다양한 정보의 접근으로 인한 분산적 권력은 과거의 관료적, 권위적 권력체제를 해체시키고, 공권력을 약화시키기도 한다(김문조, 2013). 결국 NFT 커뮤니티는 탈중앙화와 개방성을 지향하면서도, 내부적으로는 새로운 형태의 위계와 권력 관계를 재생산하는 모순적 성격을 드러내기도 한다.

NFT 작품은 '계급적 위계를 탈피해' 문화 예술의 접근성이 확대되고, 특정 계층에 국한되었던 예술에 장벽이

낮아지게 되어, 대중성과 상업성으로 기존의 고급 예술과 특정 집단의 권위에 도전하는 기제로 작용하게 되었다. NFT 작품으로 인해 취향과 소비에 이전에 없던 또 다른 대립구조가 나타나며, 위계 관계가 전복되기도 한다. 피에르 부르디외(Pierre Bourdieu)는 문학과 예술을 기존 세력 관계를 변형하거나 유지하려는 것을 목표로 하는 힘의 장인 동시에 투쟁의 장소로 보았다. 이 투쟁은 문학과 예술 세계에서 권력과 위신을 추구하는 투쟁이다. 예술가들과 이와 관련된 제도들은 하나의 진영에 속해 작품과 가치의 정당성을 독점하기 위해 끊임없는 대립과 투쟁을 하며 전략을 구사하고 구조화하며 생산한다(부르디외, 2005). NFT 예술 개념은 기존 예술에 대한 투쟁이며, 반면 이로 인해 등장한 팬덤과 권력은 또 다시 계급적 불평등을 재생산할 위험이 동시에 있어, 이러한 예술 권력 관계의 양면성은 경계를 짓거나 다시 흐리게 하는 전복의 반복적인 과정으로 나타나게 된다.

NFT 예술은 기존 예술 형태의 소유 방식, 경제적 구조, 그리고 뮤지엄 운영에 새로운 개념과 문화 예술 생태계를 형성하며, 사회적 합의를 시도해 가는 것에 주요한 시사점이 있다. 그러나 이러한 NFT 예술 생태계는 투기적 성격, 피상성, 디지털 격차 같은 비판적 시각과 예술이 본래 지향해야 할 철학적이거나 미적 가치를 희석시킨다는 우려로 디지털 문화 예술 확대에 대한 중요한 논의로 남아 있다.

참고문헌

김문조(2013). 『융합문명론-분석의 시대에서 종합의 시대로』. 나남.

김보름(2022.6.14). NFT에 대한 사회적 인식과 뮤지엄에서의 활용. 제47회 한국박물관학 학술대회 및 제16회 한국박물관국제학술대회.

노윤주(2022.6.23). 유가랩스 'BAYC', 원숭이 NFT 신화는 지속 가능할까. the bell, https://www.thebell.co.kr/free/content/ArticleView.asp?key=202206201638231080106942&lcode=00

박대민(2021). NFT 아트 : 예술계의 탈중앙화와 흔적의 아우라. ≪한국언론정보학보≫, 109, 127-152쪽.

유승호(2018). 문화산업의 가치적 전환. ≪인문콘텐츠≫, 49, 9-42쪽.

이장우(2022.7.13). 지루한 원숭이들이 찾는 것. 매드타임스(MADTimes), https://www.madtimes.org/news/articleView.html?idxno=13608

정윤영(2021.6.11). NFT시초 '크립토펑크' 캐릭터, 소더비서 132억 낙찰. 뉴스1, https://www.news1.kr/world/usa-canada/4335907

천미림 · 김홍규(2022). NFT 아트의 미래와 전망: 행위자 네트워크 이론을 중심으로. ≪문화기술의융합≫, 8(4), 397-405쪽.

허우녕(2022.9.21). 메타버스 X NFT 인사이트 2022: NFT 경쟁력의

핵심은 커뮤니티 형성. tech42.
BAYC. https://boredapeyachtclub.com
Bourdieu, Pierre(1979). *La Distinction: Critique sociale du jugement*. Editions de Minuit. 최종철 옮김(2005). 『구별짓기』. 새물결.
Crypto Punks. https://cryptopunks.app
Jenkins, Henry(2006). *Understanding Media: The Extensions of Man*. New York University Press. 김정희 · 김동신 옮김(2008). 『컨버전스 컬처-올드미디어와 뉴미디어의 충돌』. 비긴앤비즈.
Kauflin, Jeff(2021.11.23). 암호 화폐 투자자라면 알아야할 NFT 마켓 '오픈씨'의 모든 것. ≪Forbes Korea≫.
Manganiello, Fiorenzo(2024.8.27). NFT art is on the way up: fusions with traditional art and auction houses will drive its growth. CREATIVEBLOQ, https://www.creativebloq.com/tech/crypto/nft-art-is-on-the-way-up-fusions-with-traditional-art-and-auction-houses-will-drive-its-growth
Matthiou Nadini et al.(2021.8.18). Mapping the NFT revolution: market trends, trade network, and visual features. In 이승민(2021), 『2022년 10대 기술전망』, 한국전자통신연구원.
MONDAY MUSEUM(2022.6.13). 기후위기와 뮤지엄. https://brunch.co.kr/@mondaymuseum/45
Open Sea. https://www.opensea.io/kr

06
고전 작품의 가상세계 재현

고전 명화를 VR로 재현한 작품은 관람자가 작품의 서사적 공간을 자유롭게 탐색하거나 작품 속 인물과 대화를 나누며 감각의 확장을 경험하게 한다. 가상세계에서 몰입감 높은 3D 영상으로 재현된 고전 작품은 신체적 상호작용을 통해 고전을 테크노사이언스 미학으로 새롭게 재해석하도록 이끈다.

AI와 야구?

고전을 통한 감각의 확장: 〈달리의 꿈〉, 〈모나리자-비욘드 더 글래스〉

가상의 뮈토스(Mythos)를 통한 뮤지엄의 확장은 전통적인 뮤지엄과 소장품이라는 물리적, 시간적, 공간적 제약을 극복하게 해준다. 소장품의 경험을 확장시키기 위한 장치로서 VR은 경험을 극대화시키기 위해 배경으로 존재하며, 오브제를 재맥락화하는 장치로도 활용한다. 이를 통해 가상의 전시 공간에서 관람자의 몰입적 경험은 즐거움과 감각의 확장, 추억을 디지털로 남기고 공유함으로써, 이들의 태도 및 행동 의사에 유의미한 영향력을 미치게 된다. 이제 가상현실 기술에 대한 연구는 몰입의 양상과 강도의 측면에서만 접근할 것이 아니라, 관람자의 몸과 직접 연결되어야 감상할 수 있다는 신체성에 집중해야 한다. 그리고 이러한 신체성이 이미지를 수동적으로 받아들이는 것을 넘어서 관람자가 능동적으로 반응하고 예술에 개입할 가능성을 확대한다고 보며, 가상현실을 신체성과 연결해 설명하게 된다. 현존감, 몰입감 등 감각적으로 높은 재현성을 갖도록 하는 것과 신체적 접촉을 통해 실제와 같은 상호작용성을 확보하는 것인 가상성의 구현에서 중요한 요소가 되고 있는 것이다(양소연, 2022). 이제 관람자는 가상에 구현된 고전 작품의 영상에서 자신의 신체적 상호작용으로 순간이자 찰나를 경험하게 된다. 이러한 작품 감상은 개인화된 사용자 경험, 콘텐츠의 재발견, 감성과 감각적 효과를 증대하게 된다.

미국 플로리다 주 달리 뮤지엄에서는 달리의 작품 〈밀레의 만종에 대한 고고학적 회상〉(1935)을 가상현실의 확장된 3D 영상 작품으로 구현했다. 오르세 미술관 소장품인 밀레의 〈만종〉(1857~1859)은 달리에게 특별한 작품으로, 만종을 모티브로 달리의 독특한 스타일로 해석한 몇 작품이 있다. 〈밀레의 만종에 대한 고고학적 회상〉은 밀레의 〈만종〉에 대한 초현실주의 작가 달리에 의해 재해석된 작품이다. 달리 뮤지엄에서는 VR 아트 캠페인 프로젝트에서 VR 기술을 적용해 달리의 〈밀레의 만종에 대한 고고학적 회상〉을 기반으로 3D 영상 〈달리의 꿈(Dreams of Dali)〉(2016)을 360° 영상으로 제작했다. 관람자는 초현실주의 거장의 작품 세계로 직접 들어가 자신의 의지대로 작품을 바라보는 시선에 맞추어 감상이 가능하다. 이 작품은 '디즈니와 달리: 상상의 건축' 전시의 일부로, 뮤지엄을 방문하지 못하는 사람들을 위해 온라인으로도 제공해, 유튜브를 통해서 감상하거나 스마트폰 VR 헤드셋으로 감상이 가능하다. VR로 구현된 이 작품은 고전 작품을 재현하기 위해 원작을 재해석한 서사가 있고, 입체적인 영상과 함께 효과음, 내레이션으로 관람자는 작품 속 세계를 직접 거니는 것처럼 느끼게 된다. 달리의 작품에 표현되지 않았지만 종탑 안에 놓일 법한 오브제와 인물, 종탑 주변의 풍경과 반복적으로 점프를 하는 여성과 가늘고 긴 다리의 동물 형상이 느리게 걷고 있다. 관람자는 탑으로 들어가기도 하고, 탑 위에서 먼 들판을 감상하거나, 직접 작품 풍경 안을 거닐며 초현실주의 세계를 여행해 보는 신비로움을 감상하게 되어 작가의 창작 세계에서 또 다른 상상을 하게 된다. 이 프로젝트는 고전 명화가 초현실주의 작품으로 재탄생한 것을 디지털 시대에 부응하여 VR 기술로 재탄생하게 되었다. 고전을 재해석한 이 창작 과정은 테크노사이언스와 융합으로 고전 작품과의 매개 방법을 변화해 가는 새로운 시도이다.

프랑스 루브르 박물관은 2019년 레오나르도 다빈치의 사후 500주년을 맞이해 그의 대표작인 〈모나리자〉(1503~1506경)를 가상현실로 체험할 수 있는 〈모나리자-비욘드 더 글라스〉(2019)를 제작했다. 전 세계 많은 사람들이 〈모나리자〉를 감상하기 위해 파리의 루브르를 찾아가지만 수많은 인파로 인해 실질적으로 편안하고 집중해 작품을 감상하기는 쉽지 않다. 이를 해결하기 위해 루브르에서는 모나리자와 더 가까워지고, 레오나르도 다빈치가 이 작품을 통해 표현하고자 한 바를 관람자가 더 깊이 이해할 수 있는 방법으로 VR 전문개발사와 협력으로 가상공간에 모나리자를 재현했다. VR 영상은 복잡한 전시장을 떠나 관람자가 오롯이 혼자 관람할 수 있는 환경을 만들기 위해 작품의 내러티브를 구성해 반영했다. 작품의 서사는 〈모나리자〉 작품을 감상하는 것을 시작으로 다빈치가 그린 실제 여성을 만나는 설정으로 해 시간 여행을 하게 된다. 살아 움직이는 모나리자를 구현하기 위해 주변 환경을 재현했고, 의상과 머리 스타일의 제작 과정과 스푸마토(Sfumato) 기법을 보여주기도 한다. 당시 시대 상황과 그림을 그린 레오나르도 다빈치의 창작 과정과 회화 기법, 날씨, 환경, 체형을 분석하고, 레이저 스캔, 적외선, 엑스선 촬영 등을 통해 작품 속 그림에서의 깊이와 각도를 추적, 당시 배경으로 쓰인 환경을 분석해 가상현실로 옮기는 작업을 진행했다. 〈달리의 꿈〉과 유사한 방식으로 재현되어, 360° 3D로 VR 헤드셋 또는 스마트폰 VR 뷰어를 통해 누구나 체험이 가능하다.

이제 고전 명화의 작품 감상은 멀리 있는 뮤지엄에 직

접 가지 않아도 더 가까이에서 작품을 감상하는 것은 물론 작품 속에 숨겨진 스토리 속으로 들어가 그 당시의 환경을 경험하는 것까지 가능해졌다. 〈달리의 꿈〉이 초현실주의의 몽환적인 작품의 풍경 속을 거닐며 감상했다면, 〈모나리자〉는 주인공의 살아 움직이는 생동감 있는 표현으로 연출했다. 이 작품들은 존재하는 작품이지만 존재하지 않는 가상 현실 속에서 거장의 작품을 통한 심미적 경험으로 감각을 확장하며, 뮤지엄의 안과 밖, 작품과 작가의 가상과 실재를 아우르는 내러티브를 구성하기 위해 과학적 기술을 통한 새로운 고전 예술로 재현되었다.

고전과 테크노사이언스 미학

발터 베냐민(Walter Benjamin)은 복제된 예술 작품은 날이 갈수록 점점 더 복제를 겨냥하게 되어, 예술 생산에서 진품성을 판가름하는 척도가 그 효력을 잃게 되는 바로 그 순간, 예술의 모든 사회적 기능 또한 변혁을 겪게 된다고 본다. 예술은 제의에 바탕을 두었는데, 이제 예술은 다른 실천, 즉 정치에 바탕을 두게 되었다고 했다(베냐민, 2017). 디지털 기술 복제는 예술의 민주화를 더욱 촉진하며, 예술이 더 많은 이들에게 접근 가능해지며,

대중의 예술 경험 확대를 통해 사회적 변화를 추구하는 정치가 되었다. 이것은 기술 복제 예술이 정치적 메시지를 전달하는 강력한 도구가 될 수 있고, 대중은 사회적 불평등이나 억압을 인식하고, 예술을 저항의 도구로 삼아 사회적, 정치적 참여를 촉진할 수 있다. 테크놀로지는 기술 복제된 예술의 확산을 다양한 매체를 통해 더욱 증폭 시켰고, 우리의 시각과 미적 의식에 급격한 변화를 가져오게 되었다. 복제를 폭넓게 확대시킨 디지털 이미지와 영상은 가상성(virtuality), 가변성(variability), 실행 가능성(viability)을 구현해(김주옥, 2018), 예술의 사회적 변혁을 이끌어 가는 중요한 수단이 되었다. 이러한 변화는 고전 예술 작품이 기술적 맥락에 따라 유동적으로 변주되는 과정으로, 예술의 확산과 전통적 미학 경험에 대한 새로운 인식을 가져오게 했다. 특히, 디지털 매체는 관람자와의 상호작용을 통해 작품의 의미를 동적으로 재구성하며, 이는 예술의 경험을 보다 개인적이고 즉각적인 차원으로 확장시키며, 관람자의 시선과 감정이 다각화된다.

전통적인 예술 작품 감상은 고정된 이미지 앞에서 관조적인 태도로 이루어졌지만, 영화나 사진 같은 복제 가능한 예술 작품은 시간의 흐름에 따라 이미지를 빠르게 변화시키며 대중의 다양한 해석으로 그 속에 담긴 의미를 스스로 분석하는 역할을 하도록 만든다. 매체를 통한 영상 작품은 빠르게 전개되는 장면을 통해 대중의 주의력을 끌어당기고, 흥미롭게 해석하게 만든다. 관람 경험은 가치로 기억되는데, 이 가치가 강화될수록 만족도는 높아진다. 관람자는 즐거운 정서적 체험으로 전시 만족도를 느끼는 것이 아니라 콘텐츠 체험에 대한 매개 요인인 지각된 유용성에 대한 인지를 통해 만족도를 느낀다(이보아, 2020). 새롭게 등장한 기술 매체는 단순히 물리적 공간의 제약을 넘어 가상공간에 기존 고전 예술을 수동적으로 재현하는 도구로서의 역할을 넘어선다. 이들 매체는 관람자의 몰입된 경험을 극대화하기 위해 촉각, 청각, 시각 등 다양한 감각을 동원하고 신체적인 움직임과 상호작용을 적극적으로 이끌도록 유도한다. 이로 인해 관람객은 작품 속에서 서사의 일부가 되는 능동적인 참여자가 되어, '지각된 유용성'을 높이고 예술 가치에 대한 인식 강화로 이어진다.

디지털 기술의 발전은 가상을 현실처럼 재현하게 되어 또 다른 무형의 현실이 되고 있다. 가상은 반대로 우리의 몸을 움직이고 생각을 변하게 해, 실재 현실에 영향을 주는 동반적 관계로 나아가고 있다. 마찬가지로 가상

세계에서의 작품 감상은 현존과 허구에 대한 인식론적 질문이며, 가상현실의 확대에 대한 논의다. 가상화는 이미 과학적이고 기술적인 경계를 넘어 문화적이고 사상적인 차원으로 진입했다고 할 수 있다. 대중은 가상화를 통해 문화의 소비자인 것에 만족하지 않고 직접 문화 생산에 뛰어들고 있다. 새로운 문화적 감성을 지닌 그들은 지켜보기보다는 직접 경험하거나 참여하고 싶어 하기 때문이다. 가상은 현실에서의 힘, 그 자체로서 현실의 필수적인 조건이 될 수 있는 힘을 뜻한다. 가상은 현실 안에 있으며, 현실로 태어나고, 현실로 탈바꿈한다. 또한 현실 안에 있으면서 현실을 안으로부터 가상으로 만든다(배영달, 2007). 가상공간과 콘텐츠는 단순히 감정적 충족의 수단을 넘어, 인간과 디지털 개체가 서로 얽혀 영향을 주고받는 복합적인 생태계의 일부로 이해될 필요가 있다. 현실과 가상을 넘나드는 디지털 작품은 첨단 기술이 만들어 낸 물질적, 담론적 장치로서 간주되어야 한다. 따라서 디지털 작품은 고정된 주체나 객체에서 비롯된 것이 아니라, 사건들 속에서 발생하는 상호작용적인 생성 과정인 행위 주체성을 지니고 있음을 인지해야 한다(김소영, 2021). 가상 콘텐츠는 현실 세계에서 가상 세계로, 물성에서 디지털과 프로그래밍의 비물성으로,

수많은 이질적 요소들의 관계적이며 역동적인 차이로 불규칙적인 하이브리드화 세계로 확장되는 것이다.

베냐민은 전통 예술 작품이 지닌 아름다움 때문에 수용 미학적 관점에서 관람자가 관조하고 집중하게 되는 것과는 달리, 복제(새로운 매체) 예술은 관람자에게 충격을 불러일으키고 정신을 분산시킨다고 보았다(베냐민, 2017). 가상공간에서 전시는 관람자에게 정신적 분산을 유발할 수 있으나, 이는 새로운 매체 환경 속에서 전위주의(다다이즘, 초현실주의, 표현주의의 혁신과 실험적 예술 표현 방식 추구)의 혁신 정신을 계승하며 기존 매체의 한계를 넘어서는 감각적이고 심미적 경험을 가능하게 한다. 존 듀이(John Dewey)는 예술의 지성화를 반대하고 심미적 경험을 강조해, 예술을 삶과 구별하려는 것이 아니라 심미적 경험과 삶의 연속성을 회복해 예술과 삶의 더 큰 통합을 이룬다고 했다. 예술의 본질적 가치는 물리적 대상 속에 있지 않고, 작품을 창조하고 지각하는 경험적 활동에 있다는 것이다(김선규, 2020). 질베르 시몽동(Gilbert Simondon)은 "기술적 아름다움은 그 대상의 기능을 이해하고 사유할 줄 아는 능력을 요구하는 것"으로, 그 아름다움에 자신이 삽입되어야만 지리적-인간적 환경 전체와의 관계 속에서 기술성의 실현이 인식될 때 드러난다고 보았다. 이러한 관계 속에서 작품은 미학적일 수 있으며, 기술과 미학의 본질적인 분리 불가능성을 보여준다(김재희, 2015). 기술 미학은 모방과 관조의 전통적 미학이 아니라, 기술과 미학, 나아가 인간과 작품 간의 분리를 극복하는 것을 목표로 하는 행동과 체험의 미학, 인간과 작품 사이의 신체적 감각 지각적 상호작용에 근거한 동적 미학을 제시한다. 이러한 미학은 자연-작품-인간 사이의 상호작용 속에서 세계-내-존재로서 움직이고 있는 생동과 역동성이 탁월하고 완전하게 구현될 때 나타난다(김재희, 2015). 마셜 매클루언(Marshall McLuhan)은 기술 매체를 인간 감각과 경험을 확장시키는 '인간의 확장'으로 보았다. 그는 "기술의 발전은 인간 경험을 다양한 방식으로 번역하고 재구성하며, 미디어는 자연과 인간의 본성을 특수화된 형태로 변환하는 장치"라고 보았다(매클루언, 2011). 디지털 미디어의 등장은 인간을 다시 공동체적이고 상호 의존적인 네트워크로 돌려보내는 특수화된 형태로, 이는 인간이 새로운 미디어 환경 속에서 감각을 확장하고 관계적 체험을 재구성하는 방식으로 나타난다. 고전을 통한 가상의 디지털 작품은 관람자와의 상호작용적 감상이 보다 더 가능해지며, 과거와 현재, 가상과 현실, 결론이 주어

지지 않는 새로운 예술을 지각하게 한다. 고전 작품을 재해석하고 이를 다양한 기술 매체의 혼합적 사용으로 구현하는 과정은 과학과 기술을 단순한 도구 차원에서 벗어나, 관람객의 신체적 감각을 확장하고 관계적 체험을 재구성하는 상호작용 중심의 테크노사이언스 미학을 형성한다. 이로써 고전과 역사성, 예술과 테크노사이언스의 융합 속에서 새롭게 발현되는 서사적, 철학적, 가치적 논의가 중요해지는 지점이다.

참고문헌

김선규(2020). 프래그머티즘과 인공지능 시대의 예술경험 - 인공지능 시대, 예술의 종말과 미정 경험의 반복. ≪철학탐구≫, 59, 175-211쪽.

김소영(2021). 디지털 패러다임과 문화콘텐츠 연구에 관한 제언: 디지털 매체의 인터페이스, 기술이미지, 탈경계적 개체를 중심으로. ≪글로벌문화콘텐츠학회≫, 49, 1-17쪽.

김재희(2017). 『시몽동의 기술철학-포스트휴먼사회를 위한 청사진』. 아카넷.

김주옥(2018). 기술과 예술의 생태학적 관계 변화 연구: 브뤼노 라투르의 '대칭적 인류학' 논의를 중심으로. 홍익대 박사학위논문.

배영달(2007). 『보드리야르와 시뮬라시옹』. 살림.

양소연(2022). 포스트디지털과 미학적 실천론 - 도시 예술을 중심으로. 강원대학교 영상문화학 박사학위논문.

이보아(2020). 『박물관 3.0 시대와 소셜미디어』. 한길사.

Benjamin, Walter(1936). *Das Kunstwerk im Zeitalter seiner technischen Reproduzierbarkeit*. Schocken Books. 최성만 옮김(2017). 『기술적복제시대의 예술 작품』. 도서출판 길.

Dreams of Dali: 360 Video. https://www.youtube.com/watch?v=F1eLeIocAcU

HTC VIVE. Mona Lisa: Beyond the Glass at The Louvre I HTC VIVE ARTS. https://www.youtube.com/watch?v=Au_UpzhzHwk

Louvre. https://www.louvre.fr

McLuhan, Marshall(1964). *Understanding Media: The Extensions of Man*. McGraw-Hill. 김상호 옮김(2011). 『미디어의 이해-인간의 확장』. 커뮤니케이션북스.

The Dali Museum. https://www.thedali.org

07
데이터의 흐름과 사이버네틱 예술

AI가 도입된 공동체 예술 프로젝트는 우리 주변 환경 데이터를 실시간으로 반영하고 지속적으로 참여함으로써, 비결정적이고 관계적 생성 예술을 가능하게 한다. 이곳에서의 작품은 전시를 구성하는 모든 요소들의 데이터 흐름을 포착하고, 관계적 전환을 통해 사이버네틱 예술을 구현한다.

AI와 윤동주?

상호작용의 생성적 예술: 라파엘 로사노헤머, 필립 파레노

예술 작품을 둘러싼 관계의 변화에 주목한 니콜라 부리오(Nicolas Bourriaud)는 예술은 대상이나 이미지 생산에 초점을 두기보다는 사회적 관계 모색에 중점을 두게 되는 '관계 미학'에 대해 분석한다(조경진, 2021). 관계 미학은 예술을 독립적, 고립된 물질로 보지 않고 관람자와의 상호작용과 관계를 형성하는 과정으로, 현대 예술 작품의 새로운 미적 경험과 참여를 제안한다. 즉, '관계적 예술'은 관람자와의 소통과 공동체 형성으로, 작품이 존재하는 환경과 구성 요소 간의 관계를 더욱 중요시하는 것이다. 우리가 지금까지 보고, 듣고, 배워온 여러 요소들을 한 번에 결합하는 것이 예술이 되며, 따라서 작품은 전시 공간에서 이러한 요소들의 유기적 관계로 비결정성의 공동 창작물이 된다. 또한 각종 기술적 요소와 작품이 뮤지엄 밖으로 나가게 되면서 공동 예술의 규모는 더욱 커져 군중의 참여로 이어지며, 전시 공간은 열린 장소로서의 역할을 하게 되었다. 발전해 가는 테크노사이언스와 예술의 융합은 공공 예술의 기능을 더욱 확장해, 참여자들과의 관계가 실시간으로 이루어져 보다 더 강한 사회적 메시지 전달과 공공 담론을 형성하는 데 기여하게 되었다.

인간과 기계 시스템 간의 상호작용을 특징으로 하는 비정형적이고 유동적인 작품은 모든 참여자들의 움직임과 생각, 그리고 이들의 데이터를 반영하며 작품이 형성된다. 이것은 '사이버네틱 예술(Cybernetic Art)'로 상호작용과 작품의 자동 시스템화, 작품과 환경과의 피드백 루프, 데이터를 적용한 공동 생산의 관계적 예술이다. 사이버네틱스는 노버트 위너(Norbert Wiener)가 만든 개념으로, 생물과 기계를 모두 아우르며, 체계를 생산하고 통제와 제어를 통해 인공적으로 두뇌와 같은 시스템을 만들어 내는 것이다. 사이버네틱스에서 보이는 인간과 기술의 상호작용 관계는 테크노사이언스 중심적 세계를 적극적으로 재해석하는 과정으로서의 공동체 창의적 행위와 같다(김주옥, 2018). 사이버네틱 작품은 독립적이고 절대적인 현상으로 분석하는 대신, 장치와 인간 간의 정보 전달이 시스템과 행동을 변화시키는 상호작용 과정에 초점을 둔다. 사이버네틱 예술은 과정, 시스템, 환경 및 관람자 참여라는 개념을 강조하며, 전시 구성 요소들의 피드백을 중요시한다(Coelho, 2022). 이를 구현하기 위한 인터랙티브 시스템은 실시간으로 변형되고, 관람자와 전시의 모든 구성 요소가 통제와 제어 시스템의 일부로 작동해 전시를 구현하게 된다. 이러한 구조는 전시의 내러티브를 더 풍부하게 만들어, 뮤지엄 전체의 정합성을 다층적으로 형성하게 된다. 전시의 모든 구성 요소의 행위로 연결되어 가는 하이브리드 전시는 관람자에게 상호작용을 통한 흥미 유발과 성취감, 현장감으로 동일할 수 없는 경험의 현재를 계속 제공하게 된다.

사이버네틱 예술을 구현해 가는 라파엘 로사노헤머(Rafael Lozano-Hemmer)의 설치 작품은 관람자의 행동, 신체 데이터를 실시간으로 수집하고, 이를 작품의 변화로 시각화한다. 그의 작업은 현장성과 실시간 상호작용을 강조하며, 기술을 통해 관람자와 작품이 물리적으로 연결되는 경험을 중시한다. 대표적 작품인 〈Pulse Room〉(2006)은 인간의 심박수와 상호작용하는 대화형 설치물로, 300W 300개의 투명한 백열전구가 3미터 높이의 케이블에 매달려 전시 공간을 가득 채우는 방식으로 구성되어 있다. 이 작품은 멕시코시티 국립심장학연구소에서 연구된 사이버네틱스 이론이 작품의 기초 이론으로 적용되었는데, 심장의 자기 조절 과정을 설명하기 위해 시각적, 청각적으로 재현하며, 전구는 인간의 생명과 심박을 시각적으로 표현하는 중요한 매개체로 작용한다. 이러한 작품은 변화를 실시간으로 감지하고, 이에 반응하는 센서 기술, 음향 기술 등이 융합된 하이브리드 전시로, 전체가 하나의 작품이 된다. 〈Remote Pulse〉(2019)에서도 전 세계 여러 장소의 관람자들이 자신의 심박수를 실시간으로 공유할 수 있는 시스템을 통해 인터넷상에서 공동체 예술 경험을 창출하게 된다(PACE, 2019). 이 작품을 통해 디지털 기술이 어떻게 인간의 경험을 확장하고, 글로벌 차원에서 연결될 수 있는지에 대한 질문을 던진다. 이외에도 〈Border Tuner〉(2019)는 멕시코와 미국 국경을 잇는 프로젝트로, 양국의 사람들이 광선을 통해 실시간으로 소통하는 방식으로 이민 문제, 국경 이슈에 대한 문제를 예술적 담론으로 표현했다. 이 작품은 국경을 넘나드는 새로운 관계를 형성하는 것뿐만 아니라, 이들의 대화를 시각적으로 드러낸다(Dorado Romo, 2019). 작품에서는 사람들이 스스로를 표현할 수 있는 시각적 소통 네트워크를 제공하며, 자매 도시 간의 공존과 상호 의존을 국제 사회에 알리기 위한 플랫폼으로 기능하며, 예술이 사회적 변화와 담론에 어떻게 기여할 수 있는지 대중의 참여와 데이터를 통해 보여주고 있다.

필립 파레노(Philippe Parreno)의 작품에서도 전시 전체를 하나의 거대한 설치물로 구성함으로써 통합적이고 유기적인 예술 경험을 제공한다. 특히 그의 작품은 단순히 물리적 설치물로서의 의미를 넘어서, 시간의 흐름에 따라 새로운 서사를 만들어 간다. 이러한 서사적 흐름은 고정된 내러티브가 아니라, 관람자가 작품과 상호작용하는 방식에 따라 계속해서 새롭게 재구성되는 형태를 띤다. 파레노는 전시 공간 자체를 능동적인 존재로 특징짓고, 전시를 일종의 유기체나 스스로 움직이는 기계인 자동 장치로 간주한다. 그의 작업은 시간 속에서 자체적인 존재감을 생성하는 것을 목표로, 단순히 수집된 오브제(데이터)가 아니라 일련의 사건이 일어날 수 있는 장(plateau)이라고 생각했으며, 전시를 일종의 모멘텀으로 여긴다(Luke, 2024).

2024년 리움에서 개최된 파레노의 전시 〈Voice〉는 다수의 목소리를 소재로 감성적이고 공감각적인 안무를 펼치며, 총체적 예술 경험으로 대상에 생명력을 불어넣고, 주체로 변신하게 한다. 파레노의 이번 작업에서 목소리는 유령이자 알고리즘으로서 생명체의 출현과 소멸을 주관하며, 진실과 허구를 말하는 주체다. 전시는 과거에 파편적으로 존재했던 다수의 목소리를 하나로 집결시키며, 지금 여기에 어떠한 방식으로 존재할 수 있을지 질문한다(리움, 2024). 대표작 〈Anywhen〉(2016)은 시간과 공간의 경계를 넘나들며 관람자의 움직임과 반응에 따라 조명, 소리, 영상이 변화하는 설치물이다. 이 작품에서 다수의 목소리라는 개념은 그의 핵심적인 요소로 다양한 시공간적 의미를 담고 있으며, 상호작용에 의해 작품의 서사가 끊임없이 재구성되며, 매 순간 다른 경험을 하게 된다. 〈막(膜)〉(2019)은 야외 설치물로 높이가 14미터가 넘고, 42개의 센서와 AI가 탑재되어 세포막으로 필터링을 하고, 전시장 안팎을 긴밀하게 연결한다. 물질성의 타워에 기압계, 온도계, 지진계 센서를 통해 기온, 습도, 풍향, 소음, 진동 등에 의해 유입된 데이터는 AI 프로그램을 통해 뮤지엄 안의 여러 전시 환경을 결정하는 거대 생명체가 되었다(이정미, 2024). 이 작품은 전시의 모든 요소를 조율하는 일종의 인공 두뇌 막으로 각 요소들이 유기체처럼 연결되어 거대한 자동 기계처럼 환경의 변화에 반응하고, 이를 통해 전시장에 구현된 AI 목소리는 실재와 가상세계가 혼재하는 듯한 경험을 하게 된다. 파레노는 비인간인 센서를 가진 생명체가 인간보다 예민한 감각을 가진 생명체일 것이라고 생각하며, 타워 안의 생명체도 말을 하고 싶을 것이라고 상상했다고 한다(손안나, 2024). 이러한 그의 작품에서는 자연과 인간 사이에 선순환적으로 이뤄지는 물질대사 과정에 균열을 야기하는 근본 원인을 제거해 생태 합목적인 기술 문명의 방향을 세울 것을 강조하는 사이버네틱 예술로 볼 수 있다.

로사노헤머는 정치적 문제를 대중들의 저항에 대한 표현을 같이 고민하기 위해 공공 예술 프로젝트를 활용했다. 관람자의 신체적 참여, 생체 데이터를 적용하고, 빛, 소리, 움직임 등 물리적 환경을 변화시키는 요소들을 활용해 공공의 참여를 유도했고, 신체적 상호작용을 통해 사회적 참여와 정치적 의미를 더욱 드러낸다. 파레노는 현실과 상상의 경계를 허물고, 시간, 기억, 인식, 경험, 관객과 작품 간의 관계를 탐구하는 실험적인 전시 방식을 도입해 작품과 전시 경험 자체를 재구성하고 있다. 두 작가는 AI와 실시간 데이터 연동 기술을 활용해, 전시는 외부 환경에서 수집된 데이터와 상호작용하며, 시청각적 풍경을 창출한다. 이러한 기술적 요소들은 전시를 단순히 시각적 경험에 국한되지 않고, 청각적, 감각적, 신체적 경험까지 확장해 공동 창작을 체험하게 한다. 반면 이들의 작업은 테크노사이언스에 지나치게 의존하는 것과, 지나치게 난해해 관람자의 이해도가 낮을 수 있는 비판이 제기되기도 한다. 예술적 메시지나 관람자의 표면적 참여에 그칠 수 있어 깊이 있는 예술적 경험을 제공하지 못한다는 것이다. 하지만 예술적 경험의 깊이에 대해서는 예술의 경계가 해체된 시대에서 이를 어떤 기준으로 판단할지는 고민해 봐야 할 쟁점이다. 그럼에도 두 작가의 사이버네틱 예술에서 중요한 시사점은 공동체적 관계 예술과 비시각적 데이터를 시각화해 전시 공간에서는 누구도 예상하지 못한, 머물러 있지 않는 항상 새로운 작품을 선사해 준다는 것이다.

데이터의 관계적 전환

윈덤 루이스(Wyndham Lewis)는 어떤 시대에서든 예술가는 새로운 기술의 충격을 한 걸음 비켜서 자각적으로 받아넘길 수 있는 능력을 강조하며, 자연과학이건 인문학이건 자신이 속한 시대와 새로운 기술의 함의를 파악하는 사람이라고 정의했다. 매클루언은 예술가란 단순히 직업적 세분화로 정의되는 존재가 아니며, 시대적 문제를 분명히 자각하고 통찰하며, 진정한 예술가는 새 기술의 본질과 그것이 시대에 미치는 영향을 이해하고 표현하는 자라고 주장한다. 테크노사이언스는 새로운 관계를 형성하고 인간과 자연, 주체와 객체의 사이에 존재하면서 기존의 이분법에 도전하는 행위 능력을 가진 존재로, 인간의 정체성을 구성하는 모든 네트워크에는 다양한 종류의 비인간도 포함된다(이혜경, 2020). 테크노사이언스를 활용하는 예술가들은 모든 행위 요소들의 반응과 관계맺음으로 작품의 표현을 확장하게 되었다. 작품을 구성하는 인간과 비인간의 '얽힘의 장'으로 작용하는 전시 공간은 관람자와 작품을 구현하는 모든 요소들이 전시를 어떻게 상호 연결하고 있는지, 확장된 관계미학의 관점에서 바라볼 필요가 있다.

최근 많은 예술 작품에서는 AI가 큐레이팅하고 인간과 로봇이 그린 그림을 서로 비교하는 일들이 벌어진다. 사람들의 일상생활은 빅데이터가 되고, 예술가는 이 데이터를 활용한 작품으로 우리 삶에 질문을 던지게 되었다. AI 알고리즘과 우리 주변의 빅데이터를 결합한 작품은 AI 시대에 부응하는 선도적이고 탐색적 역할의 실천으로, 미완성의 작품은 작가들이 의도하는 작품이 된다. 관람자는 AI와 상호작용하면서 작품의 서사를 함께 창조하는 역할을 수행하며, 예술의 주체에 인간과 기계의 경계가 없음을 시사한다. 이것은 작품이 인간과 비인간 프로그램과의 인터랙션을 통해 끊임없이 상호작용하며 변화하는 관계적 존재임을 제시한다. 이제 전시장의 작품은 우리 주변의 실시간 모든 데이터와 AI 알고리즘, 센서, 네트워크 등 모든 요소들의 피드백을 통해 그 의미와 형태가 실시간으로 변동하는 동적인 '관계적 전환'의 과정임을 나타낸다. 작가는 과학적 분석을 통한 데이터와 인간의 신체적 요소를 결합해, 작품에 기술적 사실성을 더하면서도 예술적 표현을 극대화한다.

초창기 사이버네틱 예술은 피드백 루프, 라이브 회로 및 비디오 흐름으로 전자 이미지의 즉각적이고 생리적인 자극과 결합해 사이버네틱스 의식, 생태학적 인간-기계 시스템 및 하향식 권력 관계의 종식을 위한 가능성을 제시했다(Swift, 2022). 이후 사이버네틱 예술은 물질적 담론과 사회적 담론이 다시 서로 얽히며, 탈인간주의적 시각과 물질 중심의 관계적 예술로 확장되었다. 이러한 예술 작품은 각종 시스템과 기술 장치들과 결합되며, 실재를 재구성하고 인식론적, 존재론적 문제를 반영하는 행위적 실재론의 관점으로 이해될 수 있다. 이는 예술을 단지 관찰의 대상이 아닌, 내적 행위를 통해 지속적으로 생성되고 변형되는 역동적인 과정으로 보는 것이다. 사이버네틱 예술에서 중요한 것은 완성된 결과가 아니라, 기술, 데이터, 인간, 비인간 요소들이 서로 관계 맺으며 구성해 가는 과정 그 자체다. 관람자, 작품, 기술적 요소들은 시간과 공간 속에서 끊임없이 상호작용하며, 예술의 서사를 공동으로 창출해 가는 것이다. 이 과정에서 참여자들은 독립적인 존재가 아니라, 인트라-액션

(Intra-Action. 내부적 상호작용)으로 상호작용 이전부터 이들의 관계 속에서 함께 형성되고 얽혀 있는 존재로 간주된다. 이는 세계 속에서의 의미와 물질이 단일 주체에 의해 결정되는 것이 아니라, 다양한 현상 간의 상호 얽힘을 통해 생성된다는 '관계적 존재론'에 기반한다(김소영, 2021). 사이버네틱 예술은 서로 깊이 연루된 개체들 간의 재조합을 통해 인간과 비인간의 경계를 넘나드는 작품 생성으로, 데이터를 단순한 정보가 아닌, 관계적 흐름과 의미의 생성 주체로 전환한다.

참고문헌

김주옥(2018). 기술과 예술의 생태학적 관계 변화 연구: 브뤼노 라투르의 '대칭적 인류학' 논의를 중심으로. 홍익대 박사학위논문.

김소영(2021). 디지털 패러다임과 문화콘텐츠 연구에 관한 제언: 디지털 매체의 인터페이스, 기술이미지, 탈경계적 개체를 중심으로. ≪글로벌문화콘텐츠학회≫, 49, 1-17쪽.

리움미술관. https://www.leeumhoam.org

손안나(2024.3.20). 기묘한 무대에서, 필립 파레노와의 인터뷰. ≪BAZAAR≫, https://www.harpersbazaar.co.kr/article/1862130

이정미(2024.2.29). 필립 파레노 국내 최초 개인전 '보이스', 주목해야 할 작품 5. ≪VOGUE≫.

이혜경(2023). 예술의 '관계와 연결' 형태와 뮤지엄의 변화.

≪박물관학보≫, 46, 217-240쪽.
조경진(2021). 관계미학: 미학과 비평사이. ≪예술과 미디어≫, 20(1), 185-204쪽.
ATELIER LOZANO-HEMMER. https://www.lozano-hemmer.com
Coelho, Antonio(2023). Cybernetics in art-a brief overview, *Medium*, https://medium.com/@AntonioJSCoelho/cybernetics-in-art-a-brief-overview-150c7ec36635
David Dorado Romo(2019.11.25). Artist Rafael Lozano-Hemmer on the Importance of Telling Complex, Nuanced Border Stories. The Texas Observer, https://www.texasobserver.org/rafael-lozano-hemmer-border-tuner/
Luke, Ben(2024.7.26). Art Project: Philippe Parreno on His Ephemeral, AnOther, https://www.anothermag.com/art-photography/15781/art-project-by-philippe-parreno
McLuhan, Marshall(1964). *Understanding Media: The Extensions of Man*. McGraw-Hill. 김상호 옮김(2011). 『미디어의 이해-인간의 확장』. 커뮤니케이션북스.
PACE. https://www.pacegallery.com
Parreno, Philippe(2024). 리움, 유튜브 아티스트 토크 인터뷰. https://www.youtube.com/watch?v=fNhgostlAtk
Pilar Corrias. Philippe Parreno. https://www.pilarcorrias.com/artists/30-philippe-parreno
Swift, Ben(2022). A serendipity engine: interactive AI Art installation at Australian Cybernetic. Australian Nationsl University,

https://cybernetics.anu.edu.au/news/2022/11/22/panic-a-serendipity-engine/

08
예술의 향유와 공동 생산의 주체적 기관

오늘날 실험적 예술 기관은 대중과 함께 예술의 향유와 공동 생산의 주체적 실천을 확대해 가고 있다. 대중의 능동적 참여는 제도의 틀을 탈피하고, 사회적 재결합으로 창의적 실험과 비판적 성찰을 모색해 나간다.

AI와 한의학?

예술과 테크노사이언스 실험실: 아르스 일렉트로니카 센터(Ars Electronica Center), ZKM

오늘날 예술 기관은 대중의 참여와 소통을 위해 공공 토론과 공동 활동의 열린 공간으로 변모하고 있다. 사실상 예술이 대중 공간을 구성하는 촉매로 역할을 해 나가는 가운데, 예술 기관은 사회적 교환 관계 속에서 새로운 커먼즈를 도모하는 장으로서 기대할 수 있다(심소미, 2020). 공유지로서의 예술 기관은 개인, 공동체, 생태계와 불가분의 관계로서, 사회적으로 단절된 영역까지 확장해 간다. 무엇보다 최근 문화 예술 기관은 문화적 권위주의를 버리고 민주적 방식으로 예술 제도 밖의 각종 행사를 이끌어 가고 있다.

예술과 기술을 혼합하거나 작품을 대량 생산하는 방식의 변화는 예술과 기술의 의미를 새롭게 인식하게 해준다. 많은 작가들은 기술 문명의 성과를 활용하면서 예술가로서의 이미지와 작업 공간에서 커다란 변화를 겪었다. 개인의 독창성을 강조하는 예술 분야에서 공장형 방식이 등장한 것은 논란이 되었지만, 이러한 것은 과학 분야에도 나타난다(임경순, 2011). 이러한 변화는 예술 기관에서 과학기술 분야의 객관성과 기술의 수용을 부상하게 했고, 예술과 테크노사이언스와의 융합 확대는 문화 예술 기관의 하이브리드화로 이어지고 있다. 이를 실천해 가는 아르스 일렉트로니카 센터와 ZKM(Zentrum fur Kunst und Medien. 체카엠)은 문화 예술의 실험적인 기관의 사례로, 아르스 일렉트로니카는 보다 미래지향적이고 기술 중심적인 접근을, ZKM은 사회적 담론과 미디어 예술의 역할에 깊은 탐구를 목표로, 무엇보다 대중의 참여와 소통을 기반으로 운영된다. 최근 뮤지엄이 가상공간으로 확장되어 가고 있다면, 이번 사례에서는 물리적 공간에서 문화 예술 기관이 주체적으로 어떻게 테크노사이언스를 수용해 가며, 대중의 현장 참여를 유도하고 공공성을 추구해 가는지 살펴보고자 한다.

아르스 일렉트로니카 센터는 1979년 설립되어 Museum of the Future를 지향하며, 전시 공간뿐만 아니라 퓨처랩 연구와 실험 공간, 교육을 위한 강의 및 워크숍 공간을 통해 다양한 분야의 교육에 집중하고 있다. 무엇보다 이곳에서는 미래의 인간과 사회가 디지털 기술과 어떻게 공존할지를 주제로, 예술적, 과학적 실험으로 기술 혁신과 그로 인해 변화할 미래를 주로 다룬다. 이곳의 대표 전시장인 딥 스페이스(Deep Space) 8K는 가로 16미터 세로 9미터, 바닥까지 3차원을 구현하며, 3300만 픽셀 해상도 및 고성능 레이저 추적 시스템을 갖추어 세계에서 가장 흥미로운 디지털 경험을 제공하는 공간이다. 딥 스페이스에서는 몰입형 라이브 쇼, 육안으로는 영원히 숨겨져 있었을 가상현실과 상호작용할 수 있는 인터랙티브 미디어 아트 등 다양한 콘텐츠로 관람자에게 더 많은 예술 작품을 느낄 수 있도록 제공한다.

매년 열리는 아르스 일렉트로니카 페스티벌은 '예술, 기술 및 사회를 위한 축제'라는 콘셉트로 전 세계 예술가와 과학자, 대중을 포함한 다양한 방면의 연구자들이 모여 최신 디지털 아트와 기술 혁신을 선보이며, 디지털 미래에 대한 다양한 논의를 촉진하는 세계적으로 대표적인 미디어 페스티벌이 되었다. 이 페스티벌은 테크놀로지를 도구로 사용함으로써, 기존 축제에 대한 고정 관념을 뒤바꾼 과학과 예술 교류의 장이자, 현대사회가 직면하게 된 사회, 문화적인 변화상에 대한 미래를 제시한다(김선혁, 2009). 이 페스티벌의 인기는 문화와 관광 산업 분야로까지 확장시켜 도시 경제 발전을 이끈 성공적 사례이기도 하다(문화융성위원회, 2015). 이곳에서는 예술을 기반으로 기술적 작품 프로세스를 이해할 수 있도록 돕고, 이를 위해 아날로그 매체와 새로운 디지털 매체의 활용에 경계를 두지 않는다. 2024년 9월 축제는 “HOPE – 누가 흐름을 바꿀 것인가”라는 주제로 67개국에서 온 1260명의 예술가, 과학자, 개발자, 기업가 및 작가가 참여했다. 4998개의 프로그램과 이벤트가 제공되었고, 11만2천 명 이상의 방문객이 참여했다. 2025년 개최될 페스티벌은 “AI와 예술 창작”에 대한 전시, 심포지움, 워크숍 등으로 AI와 민주주의, 디지털 주권, 미디어 리터러시 등 AI 시대의 쟁점이 되는 주제를 다룬다고 밝혔다(Ars Electronica Center, 2025).

최근 아르스 일렉트로니카는 AI Lab 같은 프로젝트를 통해 예술가들이 AI 기술의 발전과 관련된 사회적, 윤리적, 문화적 질문을 던지고, 혁신을 위한 촉매 역할을 하도록 지원하고 있다. 예술가들과 AI가 인간의 행동과 사회에 미치는 영향, 데이터 플랫폼의 작동 방식, 감시 기술, AI 기반 무기 등 다양한 문제들을 제기하며 비판적인 시각을 제시한다. 특히, AI 기술이 소수의 거대 기업과 정부에 집중되면서 발생하는 권력 불균형과 그로 인한 사회적, 문화적, 정치적 특이점에 대한 우려를 제기하며, 유럽 공동체와 함께 ‘디지털 휴머니즘’이라는 이니셔티브를 통해 인간 중심의 기술 발전과 규제를 모색해 가고 있다(Stocker et al., 2021).

독일 카를스루에에 위치한 ZKM은 1989년에 설립되어 미디어 테크놀로지, 예술, 과학, 기술이 융합된 복합적 연구 및 전시 공간으로, 디지털 시대의 바우하우스라고 하기도 한다. ZKM은 뮤지엄 그 이상을 대중에게 제공하기 위해 연구, 기술 개발 및 예술 제작을 실천하는 장소다. 이곳에서는 예술을 통해 테크노사이언스, 인문학, 철학, 정치에 대해 비판적 시각으로 사회적 담론을 논의하고 공론화한다. ZKM은 미디어 테크놀로지와 데이터 아트를 중심으로 디지털 사회에서 인간성과 기술의 관계, AI와 로봇 공학 등을 주요 연구 주제로 미래의 예술적 가능성을 탐구한다. ZKM에서는 설립부터 뮤지엄 교육이라는 고전적 용어에 반대했고, 대신 의사소통을 기반으로 혁신적인 예술, 문화 및 미디어를 중재해 왔다. 뮤지엄에서의 의사소통은 뮤지엄 전체의 진행 과정에서 이루어지는 것이 예술 교육이라는 것이다. ZKM은 기존 디지털 미디어 관점에 대한 비판적 시선과, 대중의 미디어 리터러시 증진에 초점을 맞추겠다는 것이 기본적으로 추구하는 방향이다. 이를 통해 현실 사회와 디지털 사회의 급속한 변화를 매우 면밀히 관찰하고, 새롭고 흥미로운 예술 소통 방법을 보여주어 지속 가능이 무엇인지 알아본다는 것이다.

ZKM의 실험실 허츨랩(Hertzlab)은 미디어 아트, 과학 및 사회의 접점에서 학제 간 연구 및 개발 플랫폼으로 운영되어, 예술, 정치, 기술의 교차점에서 예술적 연구와 개발을 수행한다. 또한 ZKM의 아카이브의 특징은 일렉트로닉 아트에 초점을 맞추며, 회화, 조각, 비디오 아트, 퍼포먼스 및 컴퓨터 기반 작품에서부터 음악에 이르기까지 다양한 장르의 실험적 작품을 수집해 간다. 특히 최근 프로젝트인 "Intelligent Museum"에서는 AI 기술을 활용해 전시 경험을 보다 포괄적이고 접근 가능하게 만드는 것을 목표로, AI 기술을 이해하고 비판적으로 논의할 수 있도록 디지털 도구를 개발해 이를 오픈소스로 공개, 대중이 직접 사용하고 토론할 수 있게 했다.

살펴본 두 기관은 예술과 테크노사이언스가 결합해 미래의 도시와 문화를 어떻게 변화시킬 수 있는지를 탐구하는 실험 기관이다. 또한 최근 사회적으로 대두된 AI를 적용한 다양한 전시 개최와 함께 AI 기술 활용에 누구든 쉽게 접근할 수 있도록 하며, 사회 제도, 창작 그리고 윤리 같은 인본주의적 가치를 중심으로 AI 활용에 비판적으로 접근해 가고 있다.

대중과의 사회적 재결합

아르스 일렉트로니카와 ZKM은 예술과 테크노사이언스가 융합된 미래 문화를 예측하고 탐구하며, 전 세계적으로 영향력 있는 미디어 아트와 실험 예술의 중심지가 되었다. 무엇보다 두 기관에서는 대중과 함께하기 위해 문화 예술의 향유와 변화를 탐구하며, 대중과 사회적 재결합을 하고 있다. 아르스 일렉트로니카는 미래 지향적 아이디어와 창작을, ZKM에서는 사회적 이슈에 대해 비판적 시각으로 공동의 사회 구현을 위한 가능성을 탐구해 간다. 이곳에서는 디지털과 가상공간 중심으로 확장되는 뮤지엄 변화 속에서 테크노사이언스와 예술 융합의 경험을 현장에서 중재하며 대중의 능동적 참여로 의미를 창출하는 역할을 확장해 나가고 있다. 최근 사회적 이슈를 몰고 오는 AI, 바이아트(Buy Art), 빅데이터 등을 적극적으로 적용해 가며, 예술 분야에도 인간과 기술의 상호작용, 디지털 사회에서의 인간성과 예술에 대한 질문을 공론화해 가고 있다. 아르스 일렉트로니카 페스티벌의 최근 테마는 AI로 "Humanizing AI" 행사에서는 AI와 인간 사회가 어떻게 공존하는지를 예술적으로 탐구해 나가고 있다. ZKM의 "AI & ART" 연구 프로젝트에서는 AI를 활용한 인터랙티브 작품을 개발하며, 환경과 생태계를 AI를 활용해 지구와의 관계를 조명해 나가고 있다. 두 기관에서는 예술적 표현을 넘어 과학적 연구와도 밀접하게 연결하며 AI와 인간과의 상호작용, 공존의 의미를 대중과 함께 연구하며 고민하게 한다.

뉴미디어 아트의 선구자이자 예술과 과학을 넘나드는 개념 예술가인 페터 바이벨(Peter Weibel)은 ZKM의 관장을 지내며(1999~2023) 실험적 예술의 발전에 기여했다. 그는 예술, 문화, 과학, 기술 분야에서 일하는 사람들에게 무엇보다 네트워크를 형성해야 한다고 말한다(Weibel, 2022). 대표적으로 그가 기획한 "Open Code"(2017~2019) 전시는 AI와 머신 러닝 등의 작품으로 대중이 직접 코드를 다룸으로써 기술의 민주화와 AI 기술에 대한 질문을 던지고, "Critical Zones"(2020~2022)는 물리적 전시와 디지털 플랫폼이 결합된 형태로 인간, 기술, 자연환경이 어떻게 연결되는지 AI와 빅데이터 분석으로 구현하며(Vercellone, 2022), 대중의 참여와 토론으로 인간 중심적 사고에서 벗어나 지구를 하나의 연결된 시스템으로 바라보는 관점을 제시하기도 했다.

니나 사이먼은 뮤지엄은 '나로부터 우리'로 나아가는 것으로 이곳에서 많은 사람들이 연결되기 시작하면서 공동체적 경험에 속했음을 느끼게 된다고 한다. 이것은

'개인적인 경험(나로부터)을 쌓아 나가 집합적 참여(우리로)'로 만들어 나가는 것을 뜻한다(사이먼, 2015). 참여와 관계 형태가 완전히 달라지고 더욱 적극적인 참여가 가능해진 뮤지엄의 다양한 플랫폼에서 참여군중의 활동을 통해 공동성을 확대하게 되었다. 또한 인간 개인의 참여를 넘어, 기술과 사회, 인간과 비인간 행위자 간의 새로운 관계 맺기로 확장되고 있다. 특히 현재 대두되고 있는 AI는 개인적 체험을 넘어 공동체적 경험과 사회적 상상력을 촉발시키며, 뮤지엄 플랫폼 안에서 새로운 문화적 실천과 담론을 가능하게 하고 있다. 이를 위해 문화 예술 기관에서 주도적으로 AI 주제를 드러내어 전시와 프로젝트 진행, 연구, 공론화가 갖는 중요성은 이미 AI가 일반화되어 인간 사회의 구조와 창조성 자체를 변화해 간다는 것을 대중에게 보여주고, 이것을 수용함에 객관적 판단을 통해 새로운 기술에 대한 의미를 스스로 느끼게 하는 것이다. 이것은 우리 사회에 짧은 기간 무섭게 다가온 AI의 가능성에 대중과 함께 윤리적, 철학적 문제를 제기하며, AI를 활용해 가는 예술의 사회적 역할에 대한 함의를 제시한다.

참고문헌

김선혁(2009.4.10). 린츠의 테크놀로지 축제 – 아르스 일렉트로니카 페스티벌. 네이버 지식백과.

문화융성위원회(2015). 문화리포트 – 예술과 과학기술, 사회를 위한 축제 아르스 일렉트로니카.

서울문화재단(2022). 예술과 매체기술센터(ZKM) 디렉터 피터 바이벨 인터뷰.

심소미(2020). 더힐을 흠모하는 세계에서 : 아트 커먼즈와 도시 커먼즈. ≪문화과학≫, 101, 122–148쪽.

안성은(2018.10). 만져지지 않는 세계를 넘어서. 아르스 일렉트로니카 페스티벌. ≪미술세계≫.

임경순(2011). 과학기술과 예술의 만남. ≪한국과학사학회지≫, 33(1), 161–191쪽.

Ars Electronica. https://www.ars.electronica.art

Leopoldseder, Hannes(2004). 25 years “What a jounry!”. Ars Electronica, https://ars.electronica.art/futurelab/en/about/history/

Stocker, Gerfried et al.(2021). The Practice of Art and AI, ARS ELECTRONICA.

Vercellone, Federico & Lenz, Simone(2022). Interview with Peter Weibel. Goethe-Institut, https://www.goethe.de/ins/in/en/cul/fok/ref/21044082.html

ZKM(Zentrum fur Kunst und Medien Karlsruhe), https://www.hzkm.de

09
맞춤형 큐레이션 및 능동적 큐레이팅

전 세계 뮤지엄의 디지털 전환은 데이터 기반의 플랫폼으로 구축되어, AI를 활용한 큐레이션과 큐레이팅이 가능해졌다. 개인은 AI가 분석한 취향과 관심사로 맞춤형 콘텐츠를 보다 쉽게 탐색하고 경험할 수 있으며, 또한 자신의 취향을 반영한 큐레이션으로 창의적인 기획자가 되어 간다.

AI와 화장품?

개인화된 AI 큐레이션

테크노사이언스의 발전으로 변화 중인 뮤지엄 사례들은 대중 참여와 소통이 확대되며, 개인의 취향을 적극적으로 드러내고 있다. 뮤지엄은 취향이 각기 다른 관람자에게 맞춤형 서비스를 제공하기 위해 스마트폰 애플리케이션, 터치스크린 디스플레이, VR · AR 콘텐츠 등을 통해 관람자는 전시물에 대한 더 많은 정보를 즉각적으로 제공받고, 자유롭게 전시를 탐험할 수 있게 되었다. 뮤지엄에서는 특정 전시물에 대한 추가 설명이나 배경 정보를 실시간으로 제공하거나, VR · AR 기술을 사용해 전시물의 과거 상태를 재현하는 등 전시에 대한 이해를 깊이 있게 할 수 있는 다양한 서비스를 제공하고 있다. 이러한 AI 큐레이션은 관람자의 취향, 감정, 행동 데이터를 분석해 개인화된 전시 경험을 제공하는 기술 기반의 방식이다. 기존의 큐레이터 중심의 전시 방식과 달리, AI는 방대한 작품 데이터를 학습하고, 관람자의 상호작용에 따라 실시간으로 전시 콘텐츠를 추천하거나 전시 구조를 조정할 수 있게 된 것이다. 이러한 기능은 관람자가 주체적으로 정보를 탐색하고, 자신의 경험을 커스터마이징하는 계기를 제공하게 된다.

최근 전 세계 역사적 뮤지엄에서도 AI를 도입하며 전

시, 체험, 교육, 운영에 큰 변화를 시도하며 소장품의 활용성을 높여 나가고 있다. 런던의 대영박물관은 디지털 기술과 상호작용 구현을 위해 디지털 미디어를 적극 활용하며 관람자의 참여를 유도한다. 유사한 방식으로 뉴욕의 현대미술관에서도 AI 알고리즘을 활용한 큐레이션 실험을 통해 관람자가 작품을 선택하거나 감상한 이력을 바탕으로 맞춤형 전시 동선과 추천 작품을 제공하는 프로그램을 운영한 바 있다. 관람자가 자신의 감정, 관심 주제, 선호 작가 등을 선택하면, AI는 이를 기반으로 전시 경로와 해설 콘텐츠를 자동으로 제안하며, 이는 관람자의 몰입도를 크게 높여준다. 또한 테이트 브리튼에서는 GAN을 활용해 AI가 뮤지엄의 소장 작품 수천 점을 학습하고, 이들 간의 시각적, 주제적 연관성을 분석해 새로운 큐레이션 시나리오를 생성하는 방식을 진행했다. 이 프로젝트는 AI가 생성한 연결성이 기존 큐레이터의 전시 맥락과 비교되며, 인간의 인식 구조를 확장시키는 데이터 기반 큐레이션 사례로 평가받고 있다. 이 외에도 미국 스미스소니언과 이탈리아 우피치 미술관 등 전 세계 많은 뮤지엄에서 가상 투어와 AI를 활용한 전시 안내를 확대해 더욱 개인화된 경험을 제공하고 있다.

오늘날 관람자는 스마트 기기와 SNS, 블로그, 영상 플랫폼 등을 활용해 자신만의 시선으로 콘텐츠를 선택하고, 구성하며, 공유한다. 이들은 기획과 담론 형성 과정에 직접 참여하면서, 뮤지엄의 전시 경험을 더욱 확장적이고 개방적인 방향으로 재구성하고 있다. AI 큐레이션은 기술과 예술, 인간과 기계의 협업을 통해 예술 경험의 확장, 디지털 창의성을 실현해 나가고 있다. 디지털 기기에 익숙한 관람자들은 새로운 방식의 예술 소통 구조 속에서 더 적극적으로 참여하게 되었으며, 이는 뮤지엄을 참여형 문화 플랫폼으로 나아가는 동력이 되고 있다. 특히 가상 전시는 개인의 취향을 더 적극적으로 반영할 수 있게 되어, 개인화된 경험을 강조하게 되었다. 이것은 대중의 취향 문화를 넓혀가는 매개자로서 사용자 분석, 활용, 소통과 협력, 서비스 체계 구축 등을 효과적으로 추진하기 위한 역량을 갖출 필요가 있다. 이를 위해 기관에서는 ICT, AI, 빅데이터, 사물인터넷 등 첨단 기술의 활용, 전문 인력 확보, 다학제적 협업 체계 구축, 디지털 아카이빙 및 다큐멘테이션, 가상 뮤지엄 콘텐츠 개발 프로젝트 추진, 파트너십 체계 구축 등이 필요하다.

민주적 참여의 개인 큐레이팅

가상공간의 뮤지엄에서는 사용자의 접근성을 증진하는

문화의 민주화 측면뿐 아니라 사용자의 주체적, 창의적 참여를 촉진하는 문화 민주주의 측면을 총체적으로 추구한다. 이곳에서 관람자는 예술의 접근성을 극대화하며, 실시간 참여, 작품 시연, AR · VR 기반의 몰입형 체험 등을 통해 감각적 예술 수용 방식을 확대하고 있다. 이러한 융합 매체 기반 AI 인터랙션 환경은 관람자의 예술 감각을 확장해 주며, 큐레이팅에 참여하도록 구현했다. 예술에서 컴퓨팅은 도구에의 접근이며, 큐레이팅은 인터넷에 의해 민주화 되고, 이제는 모두가 큐레이팅을 한다(오브리스트, 2014). 사용자는 적극적으로 가상 뮤지엄 또는 가상 콘텐츠 개발에 참여할 수 있으며, 사용자 스스로 자신의 가상 뮤지엄 큐레이터로 활동할 수 있다. 이 경우, 가상 뮤지엄은 사용자들의 큐레이팅 활동을 촉진하는 역할을 수행하고, 공동 창작의 파트너로 설정할 필요가 있다(임학순, 2018).

뮤지엄이 담당하던 큐레이션, 해설, 교육, 전시 구성 등 전통적 기능은 이제 AI 시스템에 의해 자동화되고, 디지털화된 아카이브와 알고리즘 기반 추천 시스템을 통해 관람자 중심의 참여형 전시 방식으로 전환되고 있다. 이와 같은 변화는 뮤지엄을 단순한 물리적 기관에서 벗어나, 디지털 플랫폼과 알고리즘이 결합된 하이브리드 문화 공간으로 재정의하게 만들고 있으며, 개인 사용자 역시 이 변화의 적극적인 참여자이자 실천 주체로 부상하고 있다. 이제 온라인 뮤지엄 플랫폼에서는 전문적 능력 없이도 손쉽게 큐레이팅을 수행할 수 있게 되었다. 사용자는 다양한 디지털 레이아웃과 템플릿을 활용해 자신만의 전시 공간을 설계하고, 창의적 상상력을 바탕으로 스토리 라인을 구성하며, 작품 배열 및 테마를 설정하는 큐레이션 활동을 직접 수행한다. 개인이 큐레이팅한 전시는 링크 공유, 이벤트 생성, 실시간 Q&A, 온라인 워크숍, 디지털 서명 캠페인 등 다양한 방식으로 확산이 가능해졌다. 온라인 플랫폼에서는 전시 기획과 콘텐츠 생성의 중심이 점차 뮤지엄에서 일반 사용자로 이동하며, 기관과 개인의 기능이 점차 수렴되는 구조로 뮤지엄 주체의 전환을 시사하기도 한다.

전시를 중심으로 이루어지는 개인의 소셜 미디어 활동은 관람 전부터 관람 후까지 정보 검색, 회상, 기록, 공유, 대화, 상호작용 등 행위자의 관계를 형성하고, 네트워크를 더 확대하게 되었다. 이러한 개인의 활동은 자기 결정적인 큐레이팅과 타인의 관람 경험에까지 영향을 미치며, 뮤지엄을 재구조화함으로써 연결 완정성이 내재한 관람 모형을 새롭게 구현시킨다. 상호작용이 강화된 체험형 인스타그래머블 전시와 관람자의 소셜 미디어 활동은 뮤지엄의 새로운 시대를 대표하는 가시적인 현상으로 자리매김하고 있는데 이는 '경험 중심의 뮤지엄'으로의 전환을 의미한다. 최근 10년 동안 대다수 뮤지엄은 관람자들과의 새로운 관계 형성 및 소통을 위해 잠재 관람자의 특성을 지닌 온라인 사용자들을 실질적인 참여 관람자로 전환시킬 수 있는 방법에 대해 성찰해오고 있다(이보아, 2020). 존 포크(John H. Falk)는 방문자가 뮤지엄 경험을 선택하고 즐길 때 그것은 특정한 자아 개념을 반영하고 향상시킬 수 있는 인지적 능력에 기반해 이루어진다고 했다(존 포크, 2013; 사이먼, 2015). 온라인 뮤지엄 플랫폼에서 개인의 큐레이팅은 사용자 경험의 기록과 해석에 물리적 벽을 넘는 개인의 잠재되어 있는 문화 예술의 도전적 행위들을 이끌어 낼 수 있다.

부르디외는 각 개인이 처한 생활 조건은 각기 다른 아비투스, 즉 행동, 사고, 취향 등의 습관적 성향을 형성하는 데 경제적, 사회적 환경에 따라 각기 다른 습관과 성향을 가지게 된다고 했다. 이렇게 형성된 아비투스는 개인의 행동과 실천으로 드러나 개별적 차이를 반영하게 된다(부르디외, 2005). 전시를 관람하는 개인의 행동을 분석하면 체계적인 구조처럼 보이기도 해, 관람자는 각기 다른 생활양식을 통해 어떤 의미를 가지고 전시물을 인식하고 해석하는지 지각, 평가 구조로 나타날 수 있다. 이러한 구조를 통해 실천-발생 체계로서의 전시 구성에 적용되어 개인 관람 형태의 각기 다른 취향과 반응이 포착되고, 의미 작용적으로 생산과 해석하는 구조를 보여주게 된다(현택수, 2001). 확장된 뮤지엄 공간에서 참여자는 자유와 필요에 의해 그들이 추구하고자 하는 것을 실천하며, 이들의 아비투스는 또 다른 사회적 공간 안에 위치할 수 있다. 과거 전통적 뮤지엄의 경험 취향은 스스로의 선택보다는 사회에 의해 강요된 것일 수 있지만, 이러한 하이브리드 공간에서는 관람자가 직접 작품을 선택하고 구성해 경험한 것으로, 개인의 취향이 계급화에 남용되는 것을 깨우치고, 우리 삶의 생활양식에 변화 가능성을 내포해, 구조화된 구조를 변경할 수 있는 기회를 제공하게 되었다.

뮤지엄의 하이브리드화는 다양한 구성 개체들의 커뮤니케이션에서 이해관계와 갈등으로 다차원적인 변화의 과정을 통해 새로운 커뮤니케이션이 나오게 된다. 이러한 변화는 문화 예술의 민주적 절차를 실천하는 것으로 사용자 참여를 확대해 가고, 반면 사용자는 권력을 확대해 가는 특정 세력을 견제하게 된다. 이 과정에서 뮤지엄은 균형을 잡아가기 위한 문제를 극복하고, 보편성과 타당성을 확보해 가야 한다. 뮤지엄이 민주적 가치와 포용성을 실천하는 공간으로 변모해 가고 있지만, 오랜 전통으로 인한 권력 관계, 계층적 구조로 인한 정치적 공간으로 변질되기도 해 민주적 대화의 가능성을 제한하는 역설적 결과를 초래할 수 있다. 이를 해결하기 위해 기관의 관행적인 관습을 벗어나, 뮤지엄 스스로 내재된 권력 구조와 미학적 규칙, 공동 가치의 실천을 드러내어 다양한 목소리와 해석이 공존할 수 있도록 해야 한다. 이를 통해 뮤지엄은 사회적 정의와 평등을 실현하는 데 중요한 문화적 매개체로 자리할 수 있게 된다(Strøjer, 2020). 뮤지엄을 매개로 한 개인의 민주적 참여 확대는 변화해 가는 문화 예술의 '공론장'이 된다. 기관에서는 문화 예술의 투명하고 평등한 접근 방식을 더욱 개선하고, 개인의 새로운 해석과 대화의 가능성을 적극 펼쳐가는 열린 공간으로 운영되어야 한다.

참고문헌

이보아(2020). 『박물관 3.0 시대와 소셜미디어』. 한길사.

임학순(2018). 가상박물관(Virtual Museum)과 새로운 참여문화. ≪Museum News≫.

현택수(2001). 피에르 부르디외의 문예이론 - 예술에 대한 사회적 접근은 예술적 경험을 풍부하게 하는 것. ≪월간문화 예술≫.
Eternalising Art History. www.unitlondon.com
MOMA. https://www.moma.org
Obrist, Hans Ulrich(2014). *Ways of Curating*. Faber & Faber. 양지윤 옮김(2014). 『Ways of Curating: 한스 울리히 오브리스트의 큐레이터 되기』. 아트북프레스.
Simon, Nina(2010). *The Participatory Museum*. Museum 2.0. 이홍관 · 안대웅 옮김(2015). 『참여적 박물관』. 연암서가.
Smithsonian Institution. https://www.si.edu
Bourdieu, Pierre(1979). *La Distinction: Critique sociale du jugement*. Editions de Minuit. 최종철 옮김(2005). 『구별짓기』. 새물결.
Strojer, Nanna Balslev(2020). Museological Review Issue 24: What is a museum today?. Democratising Power Relations in Art Institutions. University of Leicester.
Tate Britain. https://www.tate.org.uk/visit/tate-britain
The British Museum. https://www.britishmuseum.org
The Metropolitan Museum of Art. https://www.metmuseum.org

10
창의적 행위와 경험 가치의 하이브리드 뮤지엄

뮤지엄은 동시대 공동체에 속한 '공중을 위한 공간'으로, 대중과 긴밀한 관계를 맺지 않을 수 없다. 이러한 특수성은 '창의적 행위'와 '경험 가치'를 목적으로 한다. 테크노사이언스와의 융합을 통한 복합적 형태의 하이브리드 뮤지엄은 '공동(Public)의 뮤지엄'을 실천하게 되었다.

종교와 AI?

창의적 행위와 경험 가치

새로운 삶의 요건으로 떠오른 유연 사회에서는 창의력과 혁신성이 그 어느 때보다 중요시되고, 다양한 유형으로 나타나고 있다. 미국의 12세 소녀 헤이스(Hayes)는 홈스쿨링을 통해 독학으로 그림을 그리기 시작했다. 그녀의 디지털 일러스트 〈Long Neckie NFT〉(2021) 작품은 시리즈로 발행해 400만 달러에 거래되며 예술 시장에 비의도적으로 도전하게 되었다. 단순히 그림 그리기를 좋아하는 어린 소녀가 프로그램과 온라인 매체를 활용해 기존의 고정 관념을 넘어선 창의적 해석과 사회적 결과를 보여 주었다. 이러한 유연한 창작 과정은 우리의 보편성 안에서 해체와 전복을 시도하는 '창의적 행위'로 문화 예술의 순환적 과정이라 할 수 있다.

살펴본 뮤지엄의 하이브리드화를 이끄는 사례는 발전해 가는 테크노사이언스와의 융합으로 문화 예술의 디지털 전환, 시공간의 확장, 대중의 참여 확대 그리고 뮤지엄을 이루는 모든 구성 개체들의 유기적 관계를 확대해 가며 뮤지엄의 경계를 점점 더 모호하게 만들고 있다. 전통적으로 뮤지엄에서 사용자의 지식 및 창작물은 개인적인 것이나 전문가적 지식 및 창작물은 공공적인 것으로 여겨져 둘 사이에 위계가 존재해 왔다(김수진,

2020). 그러나 하이브리드 뮤지엄에서는 이러한 전통적 위계질서에서 벗어날 수 있는 가장 큰 요소 중의 하나인 사용자와 테크노사이언스로 인해 문화 예술의 대전환을 가져오게 되어 경쟁을 하기보다는 창의적인 생산으로 문화적 공동 생산(Co-Production)의 중심 구조로 나아가게 된다. 뮤지엄의 하이브리드화는 국가 간 경계와 시공간적 제약을 초월해 글로벌 온라인 플랫폼을 통해 방대한 자료를 제공함으로써, 현대 사회의 요구와 문화 예술의 혁신을 반영해 가는 기관으로 거듭나야 한다.

전위 예술 운동인 다다(Dada)에서 비인간 사물의 예술적 가능성을 탐구한 것처럼, 하이브리드 뮤지엄은 최근 디지털 기술이 제공하는 AI, 알고리즘, 생성형 기술 등 무작위성과 결합해 융합적 문화 예술의 새로운 장르를 개척해 가고 있다. 이러한 뮤지엄 전시의 충격과 충돌은 개인의 내면에 각인되어 무의식의 영역으로 스며든다. 이러한 충격적인 요인들은 개인의 방어 메커니즘을 자극해 긴장감을 유발하며, 경험과 체험의 형태로 내적 감각과 일상생활에도 영향을 미친다. 관람자는 단순히 작품을 수용하는 데 그치지 않고, 이를 재해석하며, 자신의 시각을 반영한 창작 활동에 참여할 수 있다. 관람자의 능동적 참여는 자신의 개성과 취향을 문화적 정체성으로 표현하게 되어 의미를 창출할 수 있으며, 예술 작품과의 관계 속에서 창조적 주체로 자리 잡게 된다. 이러한 개인의 참여 확대는 사회적 담론을 형성하거나 집단 연대로 이어지는 관계를 이끌어내기도 한다.

모든 형태의 문명은 고유한 구성 원리를 지니며, 이에 따라 제도, 생활양식, 스타일, 의식 등의 변화가 요구된다. 문명의 전환기에는 혁명적 변화를 이끌어갈 새로운 스타일이 필수적이다. 집단 내에서 새로운 개념과 사회적 현상은 협력을 통한 '호혜주의'를 바탕으로 자리를 잡으며, 이러한 호혜적 관계는 비협력적 전략의 침투를 막고 스스로를 유지할 수 있다. 로버트 액셀로드(Robert Axelrod)는 협력이 번성하기 위한 핵심 조건으로 호혜주의에 기반해야 한다고 했다. 이는 전략이 일단 자리를 잡으면 스스로를 보호하며, 진화 과정을 통해 성공적인 전략이 자연스럽게 번성한다. 성공한 전략은 이기적인 행위자조차 협력으로 이끌며, 이때 개인들은 이를 행동으로 증명한다(Axelrod, 2009). 테크노사이언스로 새롭게 등장하게 된 융합의 문화예술은 모든 행위 요소들을 효율적으로 동원하고 결합해 나가기 위해 적극적인 호혜성과 사회적 연대를 요구한다. 이를 위해 뮤지엄은 자원을 공동으로 활용하며, 호혜적 관계를 구축하고, 창의적 전시로 관람자에게 새로운 '경험 가치'를 이끌게 된다. 나아가, 공동체적 경험 가치는 우리가 사회의 동등한 일원으로서 모든 참여자의 정체성을 인정하고 보존하는 데 기여한다. 이를 통해 관람자는 고유의 취향을 유지하면서도 집단과 조화롭게 공존하며, 이를 반영하는 뮤지엄은 개인과 공동체의 연결과 소통을 강화하는 플랫폼으로 기능하게 된다.

공동(Public)의 하이브리드 뮤지엄

뮤지엄의 하이브리드화는 전 세계 문화 예술 기관과 사용자가 연결된 거대한 네트워크 안에서 상호작용하고 있으며, 나아가 가상공간에서는 더욱 촘촘해진 호혜적 관계를 통해 전략적 거버넌스 구조로 발전할 잠재력을 내포하고 있다. 그러나 뮤지엄은 때로는 불균등하거나 차별적으로 존속해 이질적인 문화나 예술에 차이를 보여준다. 이를 해소하기 위해 국적, 문화, 종교 등의 차이를 넘어 서로를 동등하게 존중하는 코스모폴리타니즘(cosmopolitanism) 정신의 실천이 필요하다. 공공의 뮤지엄은 다양한 요인으로 인한 질서와 혼돈이 뒤엉킨 융합문명 속에서 이를 극복하기 위한 문화적 깊이와 다양성, 개방성, 공유를 발양해 가며 공동체적 발전을 도모해야 한다. 뮤지엄의 민주화는 모두가 참여하는 공동 생산으로 공존과 상생의 규칙을 만들어 가려는 호혜의 기관으로, 궁극에는 전 세계 문화 예술의 생태 정치적 실천을 촉진하고, 지속 가능한 문화적 공존을 위한 구체적인 담론과 실천적 연대를 이끌어내게 된다. 이러한 문화 공동체와 다양한 예술 활동이 세계 곳곳에서 나타나고 있으며, 예술은 사회 구성 요소에 대한 관계성의 회복이라는 주제를 중심으로 새로운 변화를 시도하고 있다(이원재, 2020). 이제 뮤지엄은 공동체 구성원들의 주체적 참여와 소통을 이끌어내는 플랫폼으로 자리매김하며 인간과 자연, 지역과 세계 간의 연결성을 강화하는 중요한 역할을 수행하고 있다. 이러한 시도는 뮤지엄의 공생 관계를 촉진하며, '협력의 진화'로 문화적 다양성과 공동체의 가치를 세계적 차원에서 더욱 확장시키는 계기가 되고 있다.

이제 중요한 것은 디지털 시대 예술은 상호적일 수밖에 없어 상호작용적 속성에 집중하는 것은 무의미하며, 디지털 구조로 구현된 예술을 구성하는 데이터와 데이터 구조를 설명할 수 있는 범주를 만들어 내는 것이 중요해졌다(양소연, 2022). 뮤지엄의 디지털 플랫폼에서 제공되는 디지털 자료는 메타데이터(작품명, 제작 연도, 작가, 소재지)뿐 아니라 작품을 디지털화한 이미지, 3D

모델링 등으로, 사용자(기관과 개인)는 자료를 효율적으로 검색하고 전시를 구성하는 데 사용된다. 뮤지엄이 제공하는 디지털 구조를 통해 구현된 문화 예술 데이터를 활용하는 것은 단순히 전시 공간을 확장하는 것이 아닌 관람자와의 상호작용 촉진은 물론 감정적 반응, 전시를 둘러싼 문화적 맥락, 작품에 대한 비평적 해석 등을 표출하게 된다. 뮤지엄은 이러한 비형식적 데이터를 활용해 전시에 더 깊은 이야기를 전달하게 된다. 나아가, 이러한 뮤지엄의 데이터 구조는 문화적 허브로서의 역할을 수행하게 되어, 경쟁과 공생 관계를 통해 각각의 고유한 특징을 보존하면서도 결합된 전체가 새로운 문맥과 의미를 형성하도록 만든다.

현대 사회는 점점 복잡해지면서도 소통과 공감의 문화가 중요해지고 있다. 우리의 생활 수준과 삶의 질은 다양한 이해관계 속에서 공감을 기반으로 삶의 의미를 더욱 소중히 여기게 된다. 테크노사이언스의 발전과 인간의 변화는 우리의 삶에서 진화적 본성으로서 불가분의 관계가 되었다. 뮤지엄의 하이브리드화는 테크노사이언스를 통해 사회적 교류 속에서 공감대를 형성하는 네트워크 공간으로 그 역할을 확대하고 있다. 이곳에서 참여자는 다양한 이해관계 집단에서 문화 예술의 재해석과 재생산을 통해 모두의 참여 문화 형성을 위한 방향으로 나아간다. 이를 경험해 가는 우리는 더 좋은 사회로 가기 위한 '비판적 수용'과 '창조적 사유체계'가 더욱 중요해진다. 이를 구현하기 위해 뮤지엄은 대중에게 항상 열려 있는 모두를 위한 공간이자, 공동선의 가치를 사회적으로 확장하기 위한 탈중앙화, 공동체, 민주화를 지향해야 한다. 이러한 방향은 '공동(Public)의 뮤지엄'으로 발전해 나가야 하는 이유이자, '의미 가치 선순환'을 이끌어야 하는 당위성을 보여준다.

대중에게 문화 예술 경험의 기회가 확장되었지만, 아직 디지털 접근성이 보장되지 않는 지역에도 문화 예술의 경험을 제공할 수 있는 포괄적인 방안이 필요하다. 무엇보다 AI 시대는 디지털과 정보통신 기술의 제반 하에 뮤지엄 하이브리드를 경험할 수 있다. 온라인 뮤지엄 플랫폼의 활성화와 다양성, 포용성을 증대해 나갈 앞으로의 뮤지엄은 디지털 격차해소를 할 수 있는 제반을 제공해야 한다. 앞으로 AI의 기능을 확대해 가는 뮤지엄의 변화를 보다 면밀히 관찰하기 위해서는 사회과학적 관점을 적극적으로 도입하며, 사회적 맥락과 공동의 가치를 실천하기 위한 연구가 더욱 필요하다. 이러한 접근은 현재 뮤지엄 변화 과정에 보다 근본적인 원인과 결과를 파악할 수 있으며, 사회 변화와 시대적 요구를 반영해 가는 문화 예술의 발전 방향을 모색하는 데 중요한 학문적 토대와 실천 전략을 제공할 것이다.

참고문헌

김수진(2020). 행위자네트워크 이론으로 살펴보는 박물관학: 뮤지엄을 둘러싼 인간/비인간 행위자의 끊임없는 번역. ≪박물관학보≫, 39, 263-296쪽.

양소연(2022). 포스트디지털과 미학적 실천론 - 도시 예술을 중심으로. 강원대학교 영상문화학 박사학위논문.

이광석(2021). 『피지털 커먼즈 - 플랫폼 인클로저에 맞서는 기술생태 공통장』. 갈무리.

이원재(2020). 문화 커먼즈와 공유성복원탁회의의 실험. ≪문화과학≫, 101, 149-172쪽.

Axelrod, Robert(1984). *The Evolution of Cooperation.* Basic Books. 진수미 옮김(2009). 『협력의 진화 - 이기적 개인의 팃포탯 전략』. 시스테마.

Bauwens, Michel & Kostakis, Vasilis(2014). *Network Society and Future Scenarios for a Collaborative Economy.* Palgrave Macmillan. 이지은 옮김(2019). 『도시 커먼즈로의 이행을 통해 사회를 바꾼다』. KPLA.

Bishop, Claire(2014). *Radical Museology: Or What's Contemporary in Museums of Contemporary Art?.* Koenig Books. 구정연 외 옮김(2016). 『래디컬 뮤지엄』. 현실문화.

Hayes, Nyla. https://x.com/NylaCollection

Nyla Hayes Collection. https://nylahayes.com

최경희

일민미술관과 인문학박물관에서 뮤지엄 업무를 시작으로, 이후 애니메이션박물관에 재직하며 문화체육관광부의 '박물관 · 미술관 발전 유공' 장관상을 수상했다. 현재는 애니메이션박물관 관장을 맡고 있다. 경기대 미술학사, 홍익대 미술대학 석사, 강원대 영상문화학 박사 학위를 받았다. 뮤지엄 연구물로 "뮤지엄의 하이브리드화 연구"(2025), "뮤지엄의 기술적 현상"(2023), "행위자-네트워크 이론(ANT)을 통한 뉴 뮤지엄의 변화 연구"(2021) 등이 있다.